孩子的成功离不开挫折教育

任晓晖 / 著　墨鱼文化 / 绘

·北京·

图书在版编目（CIP）数据

孩子的成功离不开挫折教育 / 任晓晖著；墨鱼文化绘. -- 北京：群言出版社，2025.2. -- ISBN 978-7-5193-1057-8

Ⅰ.G78

中国国家版本馆 CIP 数据核字第 2025XF5942 号

责任编辑：周连杰
封面设计：末末美书

出版发行：群言出版社
地　　址：北京市东城区东厂胡同北巷 1 号（100006）
网　　址：www.qypublish.com（官网书城）
电子信箱：qunyancbs@126.com
联系电话：010-65267783　65263836
法律顾问：北京法政安邦律师事务所
经　　销：全国新华书店

印　　刷：三河市京兰印务有限公司
版　　次：2025 年 2 月第 1 版
印　　次：2025 年 2 月第 1 次印刷
开　　本：880mm×1230mm　1/32
印　　张：5.5
字　　数：75 千字
书　　号：ISBN 978-7-5193-1057-8
定　　价：59.80 元

【版权所有，侵权必究】

如有印装质量问题，请与本社发行部联系调换，电话：010-65263836

前言 挫折，是每个孩子一生的财富

很久很久之前有一个穷苦的孩子，他每天都需要用扁担挑水。扁担上挂着两只水桶，一只水桶破破烂烂的，还有一条深深的裂缝，总是往外渗水；另一只水桶则做工精致，一滴水也不漏。天刚蒙蒙亮，这个小孩就挑着水桶往小溪边走去，盛满水后再返回雇主家。

在回去的路上，两只水桶竟然攀比起来。精致的水桶嘲笑破烂的水桶说："你瞧你，身体有个大裂缝，真难看啊！"听了这样的话，破烂的水桶觉得很难过。到了雇主家，精致的水桶中倒出满满一桶水，破烂的水桶只倒出半桶水。精致的水桶又得意扬扬地说："嘿，我才是最能干的！你就是个废物！"

你瞧你，身体有个大裂缝，真难看啊！

破烂的水桶躲到角落哭了起来。小孩挑完水虽然累得满头大汗，但是依旧循着哭声找了过来，安慰道："你恐怕都不知道自己很厉害吧？我问你一个问题，你有没有注意到路边的野花呢？你看它们开得多么娇艳啊！你知道它们为什么会盛开得如此娇艳吗？全是因为你啊！每天我们从小溪边回来，你都默默地给它们浇水，是你成就了沿途的风景！"

是啊，这看似浪费的水，成就了沿途的风景。而正是那些令人痛苦的挫折和磨难，磨炼了人们的意志，提升了人们的技能。

如今很多家长特别娇惯孩子，不忍心让孩子吃一点苦，他们经常对孩子说："你只要好好学习就行，其余的事情都交给我们。"于是，他们为孩子打理好一切，不注意孩子的精神教育。等到孩子遇到一点挫折就哭鼻子，被人嘲笑、批评几句就自我怀疑，成绩不如别人就一蹶不振时，他们才意识到原来自己一味地宠孩子，一味地为孩子遮风挡雨，一味地将所有事情给孩子打理好，实际上却害了孩子。

因此，挫折教育对于孩子来说，是一笔难得的宝贵财富。正如俄国作家屠格涅夫所说："你想成为幸福的人吗？但愿你首先学会吃得起苦。"

挫折教育就好比带孩子解答一道很费脑筋的数学题，父母如果直接告诉孩子答案，孩子再遇到同样的问题依旧不会解答。因为知识如填鸭般被直接灌进孩子的脑袋里，是外来的、是机械的，孩子极有可能记不住做题的过程。但是，如果这道题是孩子绞尽脑汁自己计算出来的，那么题目里有什么已知条件，需要先求出什么，再求出什么，它们之间有什么逻辑关联，这些都是他自己思考得出的，因此很难忘记。而且，这种自己求出结果的成就感和幸福感来得更强烈，更容易让孩子内心和精神感到满足。

当今社会竞争激烈，孩子要勇于迎接挫折和挑战。智慧的父母不会只关注孩子的物质生活，也不会只关注孩子的学习成绩，他们会通过挫折教育磨炼孩子的心性，培养孩子的独立生活能力，比如多让孩子参加校外活动，让孩子做一些力所能及的家务等。

当孩子一次次经历挫折，一次次战胜困难，孩子的内心就会越来越坚韧，内心世界也会越来越丰富。挫折是孩子成长的阶梯，孩子的抗挫能力越强，成长之路便会走得越顺畅！

第一章
挫折教育的四大回报

1.1 养成有错敢于承认的良好品质 /002
1.2 挖掘放大潜在的独立能力 /007
1.3 教孩子学会尊重 /012
1.4 保持乐观向上的人生态度 /019

第二章
别把挫折教育变成挫折

2.1 挫折教育中的挫折知多少 /026
2.2 圈养还是散养,要掌握育儿尺度 /032
2.3 人为性挫折等于伪教育 /037
2.4 不要折断孩子的羽翼 /044

第三章
把受了委屈的孩子紧紧拥入怀中

3.1 和孩子一起认识委屈　　　　　　　　　　/052
3.2 默默流泪解决不了任何问题　　　　　　　/058
3.3 讲道理不如让孩子发泄　　　　　　　　　/064
3.4 足够的爱与信任　　　　　　　　　　　　/069

第四章
与孩子一起经历失败、享受成功

4.1 如何正确面对失败　　　　　　　　　　　/074
4.2 接纳孩子的平庸　　　　　　　　　　　　/080
4.3 教孩子总结经验与教训　　　　　　　　　/084
4.4 关注过程而非结果　　　　　　　　　　　/090

第五章
厌学的孩子也有成才的机会

5.1 说教只会加重孩子的厌学情绪　　　　　　/096
5.2 学习偏科可能是因为偏见　　　　　　　　/102
5.3 有创造力的"专才"孩子也有春天　　　　/108
5.4 学历重要,能力更重要　　　　　　　　　/113

第六章

成为孩子情绪里的那根"救命稻草"

6.1 为孩子制造安全的情绪出口　　　　　　　　　/120
6.2 增加积极情绪体验　　　　　　　　　　　　　/126
6.3 帮助孩子学会控制情绪　　　　　　　　　　　/131
6.4 鼓励孩子学会向人倾诉　　　　　　　　　　　/135

第七章

成才胜于成功,梦想指引未来

7.1 你自己就是最美的太阳　　　　　　　　　　　/142
7.2 过好今后的生活　　　　　　　　　　　　　　/147
7.3 成功,往往意味着坚持到最后　　　　　　　　/151
7.4 让孩子明白贫穷是可以改变的　　　　　　　　/155
7.5 有梦想,谁都了不起　　　　　　　　　　　　/160

第一章

挫折教育的四大回报

1.1 养成有错敢于承认的良好品质

前段时间，很多网友被一个主动到派出所"自首"的小男孩的视频感动了。视频中的这个小男孩不慎用玩具车刮花了别克车，意识到错误后立马去派出所自首。视频中的孩子被打了马赛克，他的言语中透露着真诚："这件事就是我做的，我知道自己这样做是错误的，所以我就跟着妈妈来认错道歉。"视频中的妈妈听到孩子犯错后没有暴跳如雷，而是让孩子赔礼道歉并帮孩子垫付了5000多元的修车费用。她这样教育儿子："你是个男子汉大丈夫，做错了事情一定要勇于承认，敢于担当。现在妈妈可以替你先把钱给当事人，但是今天起你需要做家务来偿债，洗一次碗筷5毛钱，扫一次地拖一次地5毛钱，你做一些力所能及的家务事来抵偿欠款。"

孩子做错了事情，如果只想隐瞒和欺骗，那么他会编织更多的谎言来进行掩饰，引发更多的不愉快。而现实生活中，犯错的人如果向对方真诚道歉和悔过，对方一般会欣然接受；而犯错的人如果故意掩饰自己的错误，对方发现后往往会非常愤怒，甚至会默默远离他。这是因为人们普遍认为，犯错可能是出于无奈、无意，而欺骗和回避、掩饰则一定是蓄谋已久、有意为之。

  徐铭慌慌张张地跑回了家，他全身脏兮兮的，脸上还有几道血痕。打开屋门，看到家里没人，徐铭长长地舒了一口气，他赶紧扔下书包，找好换洗的衣物冲进卫浴间洗澡。吃饭的时候，爸爸特意做了徐铭平时最爱吃的糖醋里脊，但是徐铭一口也没吃，只是低着头自顾自地吃着白米饭。爸爸和妈妈互相交换了一下眼色，并没有多说什么。随后，爸爸夹起了一块肉说："铭铭啊，你有什么不好开口的事情，可以用笔记录下来。如果你觉得我和妈妈值得你信任，那你可以主动给我们看，我们也愿意帮你分担。"

  徐铭这才抬起头看了看爸爸妈妈，认真地点了点头。吃完饭后，徐铭就把今天下午发生的事写进了小纸条，偷偷塞进了爸爸妈妈的卧室。

  原来徐铭和小伙伴一起放学回家，经过一条人工湖的时候，跟班里一个叫小刚的同学发生了口角。感觉自己处于下风的徐铭急火攻心，狠狠打了小刚一拳，小刚也顺势挠了徐铭的脸，徐铭和小伙伴联手又使劲推搡了小刚几下。不料，小刚恰好站在湖边，突如其来的推搡让他失去了重心，整个人翻进了湖里。幸好湖水并不深，周围也有围观的大人，小刚很快被救了上来，但是没有人看清楚到底是谁把小刚推下了水。徐铭匆匆忙忙跑回了家，他感觉难受极了，也害怕极了，一方面他担心小刚会向老师和同学告发，以后就没有同学愿意搭理他这样的坏孩子；另一方面他又觉得即使自己主动道歉,小刚也不会原谅自己,而且这样会让自己很没面子。但是,徐铭觉得小刚落水这件事自己确实应该负责,不过不应该承担全部责任,因此他既感觉有些委屈,又觉得不知所措。

爸爸妈妈看完纸条后立刻决定带着徐铭去小刚家里道歉。徐铭有些不情愿地小声说:"我可以不去吗?"

爸爸用犀利的目光看着徐铭,严肃地说:"不可以!做错了事情就要敢于认错,敢于担当!"

来到小刚家,徐铭的爸爸妈妈先冲着对方深鞠了一躬,然后徐铭诚恳地说:"对不起小刚,今天下午是我不小心推了你。我知道自己错了,我不应该因为一点儿小事就跟你动手打架,也不应该在那么危险的情况下推你。还好你没事,希望你可以原谅我,也希望这次事情之后我们还能是好朋友。要是你觉得气没消,打我几下也可以,要不然我也不安心。对不起,请你原谅我!"

小刚也半开玩笑地推了徐铭一把说:"我一猜就是你。我这么胖,除了你还有谁能有这么大力气!"看到小刚原谅了徐铭,小刚和徐铭的爸爸妈妈也轻松了不少。

面对孩子的错误,父母如果一味地视而不见或者任其发展,孩子尝到了"不承担责任的甜头",便会变本加厉。反之,如果父母鼓励孩子去承认错误,然后想方设法进行补救,孩子便会成为一个敢于承担责任的人。父母应该告诉孩子,任何时候以自我为中心,不顾及别人的利益和感受都是不对的。

孩子做错了事,父母可以尝试这样做。

建议一: 教孩子真诚地认错和道歉。很多孩子迫于老师和父母的压力会说"对不起",但是这样的道歉充满了委屈和抱怨,是无效的。一句不真诚的"对不起"并不能让犯错的孩子意识到自己的错误,也不能缓解另一个孩子的委屈和不愉快,二人的关系还是僵持、敌对的。父母这时可以尝试让孩子换位思考,让孩子试着了解对方的感受,还可以让孩子加一些肢体动作,比如道歉时抱一下对方的肩膀。只有诚恳的道歉,才能获得对方的原谅,才能真正化解矛盾。

建议二: 父母做错事或者说错话的时候,也需要真诚地向孩子道歉。尽管父母教育孩子的时候总是说,做错事情后要敢于认错和道歉,但是事情落到自己头上时,很多父母却不愿意认错,而是采取带孩子出去旅游等方式进行补偿。父母是孩子的榜样,父母在向孩子道歉时,不能对孩子说一句"对不起"就完事了,而是应该让孩子感受到自己内疚、悔恨的心情,这样孩子才会真正了解什么是道歉。

父母向孩子道歉不是一件大事,也不会丢失面子,更不会损失威严,反而会让孩子觉得父母跟自己是平等的。他们会觉得父母是自己的好榜样,是值得自己尊敬和效仿的对象。

建议三: 让孩子学会真诚地悔过,然后改正自己的错误。认错和道歉只是第一步,更重要的是让孩子知道应该怎么做。当孩子犯错时,其实他们的内心是充满自责的,也会因此而紧张。父母要及时帮孩子认识到错误,然后引导孩子提出补救办法。如果孩子提出的方法不太合适,父母也可以再进行引导和补充。

建议四: 千万不要孩子一犯错,父母就大发雷霆。父母如果总是这样,孩子会出于害怕心理,本能地采取撒谎、欺骗的方式隐瞒事情的真相。

总之,父母要让孩子明白,做错事并不可怕,只要敢于承认错误并真诚道歉和改正,都是可以被原谅的。认识到自己的错误并道歉,然后从中发现自己的不足和缺点并加以改正,自己便会不断得到进步和发展。

1.2 挖掘放大潜在的独立能力

一天,老师对班里的同学们说:"今天老师做个调查,平时你们谁会主动刷洗自己的鞋子呢?"只有两三个学生举起了手,90%的孩子都摇头表示没有主动刷过鞋。老师又接着问:"那理由呢?"

有的同学说:"妈妈说我不会刷,也刷不干净,然后她还得返工,索性不让我浪费时间和水费了。"有的同学说:"我妈说怕我太累。"还有的同学说:"我妈说我应该把时间用到学习上,而不是把时间浪费在做家务上。她说我现在主要的任务就是学习。"

老师追问道:"那你们平时穿的鞋子都是谁帮你们刷洗干净的呢?"孩子们有的说妈妈,有的说爷爷奶奶。

老师又问:"如果有一天爸爸妈妈、爷爷奶奶不在你们身边,或者等你们长大后独居的时候,你们还不会刷洗自己的鞋子,又该怎么办呢?"同学们异口同声地说:"送洗衣店!"

现实生活中父母总希望把全部的爱都给予自己的孩子,希望孩子健康、快乐,无忧无虑地成长,他们不舍得让孩子吃一丁点儿苦。孩子遇到一点小麻烦,父母便会以最快的速度赶过来帮忙。

结果,孩子没机会自己动手,甚至没机会独立思考,遇到事情便想找爸爸妈妈帮忙。很明显,这样的教育方式是残缺的,对孩子的成长有害无益。

顶顶一听到下课铃声响了,立马冲出了教室,哼着小曲跑回了家。

原来,今天是暑假前的最后一天,妈妈给顶顶报的夏令营还有两天就要开营了。他可以单独跟朋友们在野外住一个星期,顶顶一想到这就觉得兴奋。出发前一天晚上,顶顶兴致勃勃地跟爸爸妈妈说起了自己的打算:"我觉得这次郊游,我肯定能交到很多新朋友。没有你们陪着我,我觉得这也是个锻炼自己的机会,我肯定会成为这次夏令营的优秀学员!到时候,我还要跟小伙伴们一起玩攀岩,一起下河抓鱼……"

一声急促的电话铃声打断了顶顶的话。原来是外公打来了电话，说顶顶的外婆由于高血压住进了医院。妈妈挂断电话后便赶紧收拾随身物品，边收拾还边叮嘱顶顶："我先去医院看看你的外婆，她如果没啥事的话我就尽快赶回来帮你收拾行李。"然后，她就急急忙忙出门了。外婆的病情不太严重，但是妈妈想在医院多陪外婆几天，顶顶的爸爸今晚也要留在公司加班。顶顶挂断妈妈的电话后犯起了愁，心想：老妈老爸都不在家，谁帮我收拾行李啊？算了，随便带点我喜欢吃的东西就好了。

一周后，夏令营结束，爸爸妈妈一起去接顶顶。顶顶却低着头，一句话也不说，满脸都透露着不高兴。原来，顶顶没有携带老师反复叮嘱要带的东西，比如手电筒、雨衣、泳衣。结果到了湖边，虽然顶顶会游泳，但是没有带泳衣泳裤，也没有带换洗的衣物，只能眼睁睁看着其他小伙伴纷纷下水玩闹，而自己只能孤独地坐在湖边。而且，湖边各种虫子、蚊子也很多，没一会儿工夫顶顶就被咬得满身是包。还好老师及时发现，给顶顶涂抹了药水，但是晚上睡觉的时候，顶顶还是因为准备不充分和不会照顾自己，而闹了不少笑话。

顶顶为什么会在一次普通的夏令营活动中糗态百出，处处受挫呢？原因就是他习惯了被爸爸妈妈照顾，缺乏独立生活的能力。于是，父母不在的时候，他就不知道应该怎样生活，连最基本的衣食住行都安排不好。

这也是让孩子接受挫折教育后，最希望达到的成果——让孩子能够在生活、学习中学会独立，学会自己处理完成一件事，甚至还可以帮父母完成一些力所能及的事情。比如,周末的时候可以帮妈妈做一顿饭,独自到超市帮妈妈买调料,自己到邻居家串一次门。在安全有保障的前提下,这样的事情都可以让孩子独自去做。

建议一: 延迟满足孩子的需求。心理学家曾经做过一个关于延迟满足的实验,实验对象是三十名儿童。实验开始后,心理学家让孩子们待在房间里,餐桌上摆好孩子们喜欢的棉花糖。心理学家告诉孩子们:"你们可以选择立刻吃掉棉花糖,也可以选择等我返回后再吃,等我回来后再吃的小朋友可以再得到一颗棉花糖作为奖励。"棉花糖的诱惑对于孩子来说,真的太大了,因此这个等待的过程真的很煎熬。大部分孩子只坚持了不到 5 分钟就抵挡不了诱惑,吃掉了棉花糖。大概有十个孩子等到心理学家返回后才吃,成功得到了奖励。

通过实验可以看出,延迟自己欲望的孩子能够实现自我控制,即使没有人监督管理,也可以实现自我调节,控制自己的欲望和行为。现实生活中,能控制自己欲望的孩子,就能够很好地控制自己,他们不会过分依赖父母,失去了父母的帮助也不会手足无措。因此,面对孩子的求助,父母不要有求必应,也不要立即出手相助,要让孩子尽早具备自我管理和调节技能,由依赖走向独立。

建议二: 给孩子自己独处的时间,给孩子自己动手的机会,给孩子一份责任与担当。父母不要觉得无时无刻地陪伴,就是对孩子最好的爱。孩子的成长的确需要父母的陪伴,但同时也需要有自己的时间和空间。比如,你可以让他自己玩一会儿积木,自己看一会儿绘本,自己玩一会儿拼图。当孩子认真独立做这些事情的时候,父母不要一直挑剔,也不要一直打断他们,这样孩子们就会学会独处,也能够更深刻地认识和了解自己。比如削铅笔、收拾书包、整理衣柜等小事,孩子只要有能力去完成,父母就应该放手让他们去做。或许孩子们的效率和速度跟大人没办法相提并论,但是父母的干预和大包大揽,只会让孩子养成等待帮助的习惯,不会自立。

针对不同年龄段的孩子,父母也应该适当给予他们做家务的权利,比如洗袜子、擦桌子、扫地等。同时,父母不要给孩子说,做这些事是在帮助父母,而是应该告诉孩子,作为家庭的一员应该承担这些家务。对孩子来说,这就是一种责任和担当。

建议三:增加孩子对独立做事的兴趣。孩子年龄小,做事的目的性和持续性不强,父母要通过适当的鼓励和表扬,让孩子获得更美好的情绪体验。比如,父母可以跟孩子进行扫地比赛,或者比赛看谁洗袜子洗得既干净又不费水。

总之,挫折教育能够让孩子正确认识失败的同时,更加了解自己。父母适当放手,给孩子尝试的机会,不仅能培养孩子的抗挫能力,还能培养孩子的独立生活能力、动手能力,为孩子的发展打下良好的基础。

1.3 教孩子学会尊重

相传东汉时期有一个叫魏昭的年轻人,他梦想着能够拜当时太学代表人物之一的郭林宗为师。为了能够成为郭林宗的门生,魏昭每天到郭林宗家拜访。

郭林宗身体有些羸弱,终日与草药为伴。为了考验魏昭的诚心,魏昭进入郭府四五天,郭林宗都没有教授他。一天深夜,郭林宗咳嗽不止。下人赶快来为他熬药,这时郭林宗拦住下人,想要再次试探魏昭便大声说道:"不,我想要喝魏昭亲自熬的药。"

魏昭有些惶恐,毕竟自己从没有熬过药,但是老师既然想喝,自己一定竭尽全力去做。于是,魏昭接过药材放到砂锅里,然后添水放到炉子上并盖上盖子,接着开始生火。魏昭在仆从的帮助下,废了好一番功夫才将火点燃。感觉时间差不多了,就盛了一碗亲自端到郭林宗面前。不料,郭林宗看了一眼就说:"火候不够,你再去熬一碗来!"

魏昭只能又重新熬了一碗端来,郭林宗尝了一口,又吐了出来，说道："真难喝！再去熬！"魏昭又赶紧跑回厨房继续熬，过了一阵子，魏昭又端着热气腾腾的药让郭林宗喝。郭林宗喝了一小口，笑着说道："魏昭，以往众多求学者，他们求学之心并不真诚。所以，他们敷衍我，仅仅想借机获得一些名声罢了。可是，今日与你相见，才知你诚心一片。我愿意做你的老师，教授先秦经典。"

随后，郭林宗把毕生所学都教给了魏昭，魏昭后来也成为名震四方的儒学大师。

这则故事中，魏昭尊师重道获得了郭林宗的认可，学到了郭林宗的毕生所学。我们不仅要多读书，还要尊重老师。

其实，我们除了尊重老师，还要尊重身边的人。比如，我们应该尊重父母，因为他们给了我们生命，还给我们提供了不错的生活条件；我们应该尊重朋友，因为他们在我们失落的时候，会给予我们关心；我们应该尊重同学，因为他们与我们朝夕相伴，陪我们一起读书和学习；我们应该尊重对手，因为是他们点燃了我们的斗志，让我们不断去提升自己的技能。总之，尊重应该是相互的，尊重别人并不是圆滑，而是一个人应有的品格。

姣姣是家里的小公主，活泼可爱又漂亮，学习成绩也一直名列前茅。作为家里的独生女，姣姣可以说被家人宠上了天，她都上五年级了，鞋子还是妈妈帮着刷。姣姣除了有些娇气，与人交往的时候也有些以自我为中心，甚至有时候会有点看不起人。

由于姣姣家住的是高档别墅区，小区物业管理相当严格，外人是不允许进入的。一位收废品老人，每周都会站在小区门口，然后低声下气地询问路过的人是否有废品要卖。有时候老人还会将手伸进脏兮兮的垃圾桶翻找可以回收的废品。姣姣每次经过老人身边的时候，总是露出一副嫌弃的表情，还忍不住用手掩住口鼻。

一个周日的下午，妈妈把姣姣从校外辅导班接回来，两人刚走到小区门口的时候，一只矿泉水瓶突然滚到了姣姣身边。姣姣正准备一脚踢开的时候，一只苍老的手伸过来，把矿泉水瓶捡了起来。姣姣定睛一看，原来是那位捡废品的老人。她立刻用一只手捂住口鼻，还伸出另一只手指着老人说："你赶紧走开，离我远一点儿，臭死了！"

老人听到姣姣的话，身体不自觉地抖了一下，露出难为情的表情，缓缓转身准备离开。姣姣的妈妈一个箭步冲了上来，使劲拍了一下姣姣的肩膀说："这孩子，怎么这么不懂规矩和礼貌了？你赶紧给老爷爷赔礼道歉，你这样太不尊重人了。"

姣姣不依不饶地说："妈妈，他就是个收破烂的，我为什么要跟他道歉啊？"

妈妈听后更生气了，呵斥道："你在说些什么啊？你是不是觉得自己现在衣食无忧，学习也不错就行了？你怎么不想一想这样的生活是怎么来的？你的衣服、你的鞋子、你的辅导班费用都是花的自己挣的钱吗？你花的每一分钱都是爸爸妈妈努力工作挣来的。你赶紧过去跟老人家道歉。"

老人见母女二人因自己发生了争执，不好意思地说："没事，没事，孩子还小，肯定不是故意的。天气冷，你们赶紧回家吧！"

妈妈连忙鞠躬说："实在对不起，小孩子不太懂事，我马上让她给您道歉！"妈妈转身扭住姣姣的耳朵大声说："快，道歉！"

姣姣眼里噙着泪水倔强地说道："有什么了不起的！道歉就道歉，对不起！"说完姣姣哭着跑回了小区。

妈妈回到家心里依旧不是滋味儿。她本以为自己的女儿只是有些被惯坏了，偶尔会使小性子，也比较娇气，她万万没想到自己的女儿竟然狂妄到这个程度。她从没想过自己捧在手心的女儿，竟然会瞧不起别人，还不知悔改、蛮横无理。

晚上爸爸回家，看到吃晚饭的时候母女二人都噘着嘴不说话，觉得有些不对劲儿。于是，爸爸主动问："你们母女俩今天这是怎么了？吵架了吗？"

姣姣没好气地抢先说："爸爸，你来评评理。妈妈今天在小区门口竟然为了一个收破烂的脏老头，对我大呼小叫的，我感觉自己太没面子了！"

接着，姣姣把今天发生的事情从头到尾告诉了爸爸。姣姣的妈妈听完，接着说："不对，你叙述的不对。你忽略了整个事情的重点，我的重点是你太瞧不起人了。你说人家脏臭，还捂着鼻子，这明显是不尊重别人的行为，这对人是一种侮辱。"爸爸用怀疑的目光看了看姣姣，姣姣羞愧地低下了头。

爸爸说道:"妈妈的确有做得不够周到的地方,她不应该在外面当众呵斥你。可是你有没有想过,妈妈为什么会这么生气?如果妈妈不训斥你,你是否能意识到自己做得不对呢?爸爸也对你很失望,我没想到你是这样的孩子,有错不改反倒先指责别人。你既然连最起码的尊重都不懂,那你还跟我们谈什么尊重呢?那位老人虽然只是收废品的,但是这就是他赖以为生的职业。职业不分贵贱,都是依靠自己的劳动挣钱。姣姣,据我所知这位老人年轻的时候当过兵,还因为见义勇为立过三等功,但是也因此落下了残疾,只能遗憾离开了部队。国家和当地部门都想给他资助和抚恤金,但是他都一一拒绝了,说不想给国家和人民增加负担,要靠自己的双手养活自己。反倒是你,衣来伸手,饭来张口,有什么资格嫌弃一个值得人们尊敬的老人呢?你的任性给人家带来了伤害,你太不懂事了!你晚上自己回到房间一定要好好想一想。"

晚上,姣姣想着爸爸妈妈说的那些话,怎么也睡不着。老人无奈的眼神总是出现在她的脑海,还有爸爸失望的眼神,妈妈生气的眼神……一想到这些,姣姣心里便难过极了,她越来越后悔,深刻地认识到自己的错误。

第二天一大早,姣姣便悄悄跑下了楼。爸爸站在阳台看到了这样的一幕:姣姣把家里的瓶瓶罐罐都送给了老爷爷,还冲着老爷爷九十度鞠躬,口中似乎说着:"对不起,请您原谅我。"

建议一： 父母做好榜样示范，营造互相尊重的和谐氛围。比如，父母在周末的时候多带孩子看望一下老人，让孩子看看你是怎么孝顺父母的；在家的时候跟朋友、家人相处，多用礼貌用语，不随意非议别人的缺点和不足，让孩子逐渐被感染和同化。

建议二： 父母应该多注意观察孩子的行为表现。父母不要只盯着孩子的学习，也要适当关注孩子的日常表现，比如如何跟朋友相处，遇到困难是否会积极想办法，是否会嘲笑和欺负同学等。父母发现孩子存在不良行为后，要积极引导孩子，改变孩子的认知，使他们能够约束自己的不良行为。

建议三： 父母要尊重孩子，学会倾听孩子的心声。父母要耐心地倾听孩子的表述，不要随意打断孩子，否则会让孩子失去向父母倾诉的意愿,并认为自己说的话对父母来说不重要。父母善于倾听孩子的心声,才能和孩子构建和谐的亲子关系,才能更好地陪伴他们成长。

因此,我们要尊重自己,尊重他人!

1.4 保持乐观向上的人生态度

一个慈祥的父亲正在给两个孩子准备新年礼物。为了考验两个孩子的态度,父亲特意准备了两份完全不同的礼物送给兄弟二人。父亲先把大儿子叫到自己的房间,拿出了一把玩具枪、一个足球和一辆赛车。然而,大儿子看见礼物没有露出任何笑容,反而脸上出现了几分痛苦的神情。父亲有些不解地问:"怎么了,这么多礼物还不开心吗?"

大儿子忧心忡忡地说:"其实,这些礼物我都想要。但是,我担心自己会用玩具枪射坏别人家玻璃或者射伤其他小朋友,而受到责备和批评。这个足球我担心踢不了几次就会坏,因为我的脚力太大了,到时候我还得挨训。这个赛车虽然是我最喜欢的,但是我还不会骑车,如果贸然骑出去的话,我可能会摔得浑身是伤。"

父亲听完并没有说话,而是叫大儿子抱着礼物离开。小儿子眼巴巴看着哥哥拿着这么多礼物,眼睛里都放了光。然而,爸爸此时递上来一个纸包,小儿子打开纸包发现里面竟然是一缕马鬃毛。小儿子却没有露出失望的表情，反而兴奋地跳了起来。接着，小儿子就跑出了屋子，到院子里搜寻起来。爸爸也跟着追了出去，不解地问道："嘿，你的礼物没有哥哥多，而且只是马鬃毛，你为什么还能这么高兴呢？"

小儿子兴奋地说："虽然您给我的是马鬃毛，但是恰好说明您给我准备的新年礼物与马有关，我猜想此刻咱家院子里藏着一匹小马驹吧。"父亲高兴地指了指屋后，小儿子果真在那里找到了一匹小马驹。父亲高兴地说："你真是个乐观的孩子啊！"

乐观与悲观是相对的，乐观的人无论遇到什么困难和麻烦，都会保持积极向上的乐观态度，并积极找寻应对之法。人生路漫漫，并不会因为你我不喜欢或者没准备好，而少些起伏或者挫折，保持乐观才能更好地应对各种困难。

蒋丽和华华是好朋友，二人学习成绩在初中阶段一直名列前茅，中考时也一起顺利地考取了重点高中。蒋丽的妈妈看着女儿乖巧懂事，学习也不用自己操心，感觉骄傲极了。然而，升入高中后，开始了寄宿制的生活，蒋丽失去了父母的监督，变成了脱缰的野马，每天不是偷偷在宿舍玩手机游戏，就是跟同学一起学化妆。对于自己不擅长的历史、地理、生物，她根本不肯认真听讲，甚至直接趴在桌子上睡觉。

一学期下来，蒋丽的学习成绩降到了全班倒数第一，班主任为此将蒋丽的妈妈请到学校谈话。蒋丽的妈妈看到女儿试卷上糟糕的成绩，脸色变得十分难看。跟班主任聊完，她便揪着蒋丽的耳朵走出了教室，然后劈头盖脸地批评。蒋丽一边抹着眼泪，一边跑回了宿舍。

蒋丽没有被垫底的成绩和妈妈的训斥打垮，这反而激发了她的斗志。当天晚上她便开始补笔记，做试卷，疯狂地补习自己落下的功课。三年后，蒋丽以优异的成绩考取了国家重点大学。

蒋丽的朋友华华一直以来都是班长，升入重点高中后参与班长竞选，竟然只得了4票。接下来的月考中，华华由于偏科，物理、化学、生物成绩都不理想，总成绩只考了全班中下游水平。在开班会的时候，班主任毫不留情地指出了华华偏科、成绩下滑、学习没有后劲的问题，华华感觉难过极了，恨不得找个地缝儿钻进去。

后来，华华又报名参加了学校的演讲比赛，但是由于竞争激烈，她连决赛都没有进入。接二连三的打击之下，华华觉得自己简直无可救药了，是个做什么都很差劲的人，悲观的情绪将她包围了。于是，华华越来越沉默，越来越消极，总是怀疑大家在议论和嘲笑自己。连以前最擅长的科目，华华也觉得越来越力不从心，最后她只考取了一个普通的专科院校。

升入重点高中后，优秀的学生比以前更多了，华华不再是独一无二的存在。面对诸多的变化和压力，华华无法适应，更没有积极地面对，因此才出现了这样的结果。

现实中和华华类似的人挺多，他们一遇到挫折和困难就不知所措，总是带着悲观的情绪来看待事物，结果可想而知。实际上，没有人的一生会一帆风顺毫无波折，任何人都可能会遭遇失败和打击，我们不能让自己沉浸于悲观的情绪之中不能自拔，而要反思失败的原因并尝试改变这种状况。

父母在教育孩子的过程中，要教会孩子乐观地看待问题，尤其应该以身垂范，引导孩子用积极向上的态度看待问题，给孩子传递一种坚韧乐观的生活态度。父母还应该注意不要过度批评孩子，过分夸大事实可能让孩子失去自信，要多发现孩子的闪光点和优势。

第二章

别把挫折教育变成挫折

2.1 挫折教育中的挫折知多少

两只肚皮饿得咕咕叫的蚂蚁一起外出寻找食物。途经一个垃圾桶时，正巧遇到一个小孩往垃圾桶扔一个牛奶罐，里面还有没喝完的牛奶。然而，牛奶罐并没有扔进垃圾桶，而是正好落到了两只蚂蚁的头上。

这个牛奶罐将两只小蚂蚁打了一个措手不及，它们掉进了牛奶罐。身体稍微大一些的蚂蚁有些慌张，心想：这下完蛋了，这么高的牛奶罐，怎么可能爬出去？况且，玻璃罐又这么湿滑，看来我只能等死了。果不其然，这只蚂蚁很快淹没在牛奶中。

另一只身体小一些的蚂蚁看到同伴淹没在牛奶中，并没有被吓倒，而是坚定地说道："我应该坚强起来，我有手有脚，还有结实的肌肉，我还要继续享受每天的日光呢。我必须努力爬出去！我要活下来！"就这样，小蚂蚁不断尝试，一次次从湿滑的瓶子顶端滑落，又一次次继续尝试。

不知道爬了多久，牛奶罐的内壁已经干了，小蚂蚁终于爬了出来。

挫折是什么？人们的行动最终无法达到自己预定目标的时候，产生的一种不良的情绪反应，可以理解为人们遭遇失败或者困难时产生的负面情绪体验。

现实生活中，孩子似乎总是有这种"无法达到自己预定目标的负面情绪体验"，比如考试成绩不及格，遭到父母的批评和指责；和同学因为一点儿小事发生争吵；不小心弄坏了玩具等，这些都是挫折。可以说，在每个人的成长经历中挫折无处不在，随时可能发生。当然，每个孩子都会为了自己的梦想而奋斗不息，希望梦想可以变成现实。在努力实现梦想的过程中，经历失败在所难免，但是有些孩子会因此产生挫败感，甚至失去安全感。

飞飞是班里的体育生，也是名副其实的校级体育明星，几乎每年在学校举办的运动会上都能看到他的身影。他多次代表班集体参加1000米长跑和跳远项目，并夺得冠军。再加上飞飞爽朗、乐于助人、爱交朋友的性格，使他在整个班级乃至整个学校都很有号召力。

转眼间，今年的夏季运动会又拉开了帷幕，飞飞报名参加的1000米长跑恰好设在了运动会的第一天。当天，飞飞身穿一身红色的运动装，脚踩专业的钉子跑鞋，在阳光的照耀下整个人显得神采奕奕。他在跑道上刚做了一下伸展和拉伸运动，同班同学便大声尖叫着为他加油。飞飞信心满满地对自己说："今年的冠军还是我，我一定可以的！"

随着裁判的一声哨响，飞飞立马如箭一般冲了出去。赛程过半时，飞飞还是稳稳地占据第一的位置。就在飞飞以为自己又要夺冠的时候，一名身着一袭黑衣的选手突然加速，竟然超过了他。飞飞一时间有些蒙圈，脚下一滑，重重地摔倒在跑道上。老师和同学见状，赶紧围了过来，班主任更是二话不说背上飞飞就往医务室的方向跑去。就这样，由于飞飞膝盖和手臂都受伤出血，不得不中途退出了比赛，冠军自然也是落入他人囊中。

晚上回到家中，飞飞整个人像霜打的茄子一样没了精神。妈妈见儿子胳膊和膝盖都受了伤，人也没了精神，赶忙追问："飞飞，你怎么受伤了？不会是运动会上受的伤吧？快过来让妈妈看看严不严重，疼不疼？"

飞飞委屈地大声哭道："妈妈，我摔倒了，所以这次长跑冠军不是我！"

妈妈赶紧把飞飞搂进怀里安慰道："傻孩子，一次得不到冠军不能代表什么啊！世界上有很多事情都不是以我们的意志为转移的，都可能会遇到波折或者突发状况。如果你没有摔倒，妈妈相信你还是可以拿到名次的。"

飞飞啜泣着说："就算我不摔倒，我可能也拿不到冠军，因为有人比我跑得更快。妈妈，你说我没得冠军，同学们会瞧不起我吗？还会有人崇拜我吗？要不然明天的跳远比赛我也不要参加了，省得丢人现眼！"

妈妈摇摇头说："你这么消极可不应该啊！人要具有百折不挠的品质才对啊！你知道爱迪生发明蓄电池的时候，失败了多少次吗？失败了24999次呢！但是，爱迪生并没有因此气馁，而是觉得自己发现了24999种蓄电池不能使用的材料。如果他失败一次就放弃了，就不能成为发明大王了。你应该振作起来，接受失败，然后从失败中汲取经验和教训，更加努力训练，争取下次跑步比赛的时候发挥得更好一点。如果你的伤势不影响明天的跳远，我觉得你应该以更加饱满的热情参加比赛。"

飞飞平复了一下情绪，才若有所思地点了点头。

其实，教育的本质是激发孩子的内驱力，唤醒孩子追求美好事物的渴望，并赋予他们实现梦想的能力。因此，挫折教育就是让孩子能够在失败和挫折出现的时候，学会如何面对和妥善解决困难，逐渐自信、乐观豁达起来。另外，在对孩子进行挫折教育的时候，家长也要做好配合，不要总是将自己的孩子和其他孩子对比，要接纳孩子的缺点和不足，容许孩子犯错和不那么优秀。

> 一天，我在小区乘凉的时候，看到一名女士提着大包小包往家赶，她的身后还跟着一个六七岁的男孩子。男孩子抱着一个滚圆的大西瓜，满脸的汗珠不住地往下淌。二人快走到单元门时，小男孩一个不留神，被什么东西绊了一下，然后摔倒在地，手中的西瓜也被摔烂了。
>
> 这名女士没有查看小男孩有没有受伤，也没有问他摔得疼不疼，反而劈头盖脸地骂道："你这孩子真是笨到家了，这么点儿事情都做不好！你走路就不能看着点儿吗？这眼看就到家了，这么大一个西瓜，多可惜啊！真是不能指望你帮妈妈干一点活啊！活祖宗，我养你有什么用啊？"
>
> 男孩子一脸委屈地站起身说："我主动帮你拿东西，你嫌我笨手笨脚；我在家帮你打扫卫生，你说我是添乱，嫌我做得不好；我帮你看弟弟，你又说我不好好学习，纯属浪费时间……我以后再也不会帮你做任何事情了，反正我做什么都不对，你都不会满意。我只有考试考一百分的时候，你才会满意，才会夸我。"

从这个小故事中可以看出，很多时候不是孩子经受不了挫折，而是父母不接受孩子犯错，不接受孩子比别的孩子差，也不愿意承认孩子的缺点和不足。这些由父母带来的挫折，给孩子带来的挫败感远比真实的挫折伤害性更大。

升学、升职、生活、婚姻，社会处处充满竞争和压力，父母再怎么爱孩子,也不可能二十四小时寸步不离地陪着孩子"闯关打怪",为孩子开辟一片"真空地带"。因此,从小就让孩子接受挫折教育十分有必要。

挫折教育,不是一味地批评孩子,也不是把孩子送进"吃苦训练营",更不是人为地为孩子制造更多挫折,而是父母在陪伴理解支持孩子的情况下,给予孩子科学地引导,帮孩子找到解决问题的方法,让孩子学会积极地面对挫折。

2.2 圈养还是散养,要掌握育儿尺度

一直以来,关于圈养育儿与散养育儿的话题便争论不休。支持圈养育儿的人认为,由于孩子年纪小,很多事情需要父母的帮助与指导,因此父母要挤出时间和精力陪伴孩子,当孩子遇到困难时,父母要第一时间出现在孩子面前,帮助其解决困难。而且,无论孩子提出什么要求,小到衣食住行,大到学习、工作、住房、恋爱、婚姻,父母都要想办法满足孩子。

支持散养育儿的人则认为,父母不要时时关注孩子,要保护孩子的天性,激发孩子的潜能与闪光点,让孩子自由地生活。不过,有些父母打着让孩子独立的旗号,对孩子的所有行为和情绪都置之不理,他们对孩子过于溺爱,即使孩子的行为出现了问题也不进行纠正……

很明显,第一种父母喜欢对孩子的事情进行包办,第二种父母对孩子进行了放养,这两种类型的教育方式都是不合理的,会对孩子的成长带来很多不良影响。著名育儿专家李玫瑾教授表示,两种育儿方式有利有弊,教育孩子时要掌握好尺寸。

圆圆今年九月就升四年级了,可是她依然没有养成良好的生活习惯。妈妈每天最头疼的事情,便是叫圆圆起床。为此,妈妈给圆圆设定了好几个闹钟,但是依旧不管用,还是得一遍又一遍地叫,甚至偶尔还要将圆圆从床上拖下来。圆圆有时候会学习到很晚,第二天困得睁不开眼,妈妈只能帮圆圆穿衣服、洗漱、喂饭。

周末清晨,圆圆又起晚了。她看了一眼钟表,没好气地说:"老妈啊,你怎么不早点叫我啊?这都几点了啊!"

妈妈连忙说:"好好,都是妈妈的错,你赶紧过来吃口饭。今天不是学校组织郊游吗?去晚了你可就赶不上大巴车了。妈妈今天给你准备的紫菜包饭,第一次做不知道合不合你的胃口,快尝尝!"

圆圆尝了一口,又吐了出来,不高兴地说:"你这还让不让我吃早饭啊,这是放了多少咸蛋黄啊!咸死了,怎么吃啊?!我不吃了,我就喝杯牛奶好了,反正时间也来不及了!你快点帮我收拾好野餐的背包,咱们赶紧开车出发吧!"

妈妈一边开车一边叮嘱圆圆:"宝贝,今天妈妈不在你身边,你可要好好照顾自己,不要到河边、悬崖这些地方去,也不要吃不干净的东西。书包里的食物都是妈妈洗干净的,包里还有湿巾和免洗洗手液,吃东西之前一定先洗手,不然肚子会长虫子的。据说这次郊游,你们还得自己搭建帐篷。你平时没干过什么活,到时候你就站在一边多看看就行,让那些擅长做这些事情的同学动手,省得你再受伤什么的。还有,野外虫子多,妈妈还给你带了几个驱虫的喷剂,你记得下车要及时喷一下。还有……"

圆圆不耐烦地打断了妈妈的话："好了，您可真是操心啊！我都知道了，您别说了！"

圆圆告别了妈妈，和同学们一起开开心心地登上了大巴车。到了野炊的地点，老师宣布："接下来就是大家各显神通的时刻了！同学们可以自由组合，六个人为一组，一起搭建帐篷，一起捡柴火、生火做饭。"

大家纷纷领取了适合自己的任务，一起动手忙碌起来。圆圆思前想后也不知道应该加入哪个小组，她觉得搭建帐篷又累又复杂，野外捡柴火又觉得脏，生火做饭又不会。圆圆晃悠了一圈，也没有找到同伴。圆圆只好找到班主任哭诉："老师，没人愿意跟我一组！我要回家！"

班主任不解地问："怎么回事？我盘算着六个人一组，咱们班正好都可以组团啊。"圆圆不好意思地说："以前这些生活琐事都是妈妈帮我准备的，我从来没有自己动过手。这些生火做饭和支帐篷的事情对我来说太难了，我不想参加。况且，就算我参加了，接下来我也不知道自己该怎么办。大家都嫌弃我什么也不会干，不愿意跟我一组。"

班主任耐心地解释说："那老师跟你一组吧！老师希望通过这次郊游，锻炼大家的动手能力和协作精神。圆圆不要难过，也别灰心，等野炊结束后你可以跟妈妈商量一下，主动做一些力所能及的事情。这样，你的动手能力就会得到提升，慢慢地，你也就敢于尝试了。"

野炊结束后，班主任主动找到圆圆妈妈，谈了一些关于圆圆这次郊游的情况，还告诉圆圆妈妈这种大包大揽的教育方式有百害而无一利。圆圆妈妈认识到自己对圆圆的教育方式不当,当即表示一定改变自己的教育方式。

父母无微不至地照顾孩子,对孩子的事情大包大揽,会使得孩子失去独立生活的能力。同样,父母对孩子放任不管也不可取,因为被散养长大的孩子没有规则感,走向社会后会感觉处处受管教,处处不如意。

圈养式育儿能够保护孩子防御外界的伤害,但是不利于培养孩子的独立性;散养式育儿能让孩子掌握更多生活技能,却无法让孩子做好自我掌控。

父母要明白,散养式育儿不等于撒手不管,更不等于放纵。解放孩子的天性,帮助养成良好的习惯,让孩子学会独立安排自己的生活，明白通过努力奋斗实现目标，这才是真正的散养式育儿。

圈养式育儿并不是严格束缚孩子，让其没有一点自由发挥空间。父母可以给孩子设立做人做事的底线，告诉孩子什么事能做，什么事不能做。让孩子学会坚强勇敢，面对困难不退缩。

没有一种育儿方式是完美的，散养式和圈养式各有优缺点。家长应根据孩子的年龄、性格、家庭环境等因素，选择适合的育儿方式，并灵活调整。

孩子的成长之路需要父母的帮扶，我们今天的有效扶助，会造就孩子美好的未来。但是，养孩子不是一蹴而就的，是一个漫长的养心、交心的过程。父母想要孩子快乐成长，就要不骄不躁地用爱辛勤灌溉，并给孩子修枝剪叶，这样孩子才能健康快乐地成长。

2.3 人为性挫折等于伪教育

《少年说》中一个女孩无奈地含泪控诉妈妈:"妈妈,您为什么总喜欢批评我?为什么总喜欢贬低我?为什么总是称赞别人家的孩子?难道您看不到我的一丁点儿优点和努力吗?或许,您觉得这种激将法能激发我的战斗力,但实际上我想说,我很讨厌这样的教育方式,这让我觉得自己很差劲,我很难过。"

结果,妈妈不以为然地说:"你懂什么,等你长大了,到了社会上你所要承受的挫折还多着呢!我这样经常敲打你,就是在磨炼你的耐挫力。"女儿低下头哭得更伤心了,说:"妈妈,可是这样下去,我会一直一直不高兴,您知道吗?"

这段母女的对话听着让人有些心酸,又感觉似曾相识。很多父母认为,现在的孩子物质生活很满足,但是缺乏承受挫折和失败的能力。他们觉得,孩子吃不了苦,因此热衷于给孩子进行挫折教育。

所谓挫折教育,就是在成长和受教育的过程中遭受挫折,并从中得到经验和启发,进而激发自身的能力,达到掌握新知识、新技能,增强抗挫折能力的一种教育方式。

正确的挫折教育的确可以增加孩子的自信心和勇气,也能够让孩子在面对挫折和困难的时候,大胆尝试,激发自身的潜能。但是,错误的挫折教育,人为地为孩子制造挫折,对孩子的成长毫无益处。这是一种伪教育,会让孩子遭受噩梦般的打击,根本不能起到教育的作用。

雨柔的妈妈是一所初中的化学老师,爸爸则是当地大学的讲师,夫妻二人对雨柔的教育颇为重视。毛毛和雨柔的妈妈是同事,她第一次见到雨柔时惊讶极了。雨柔虽然属虎,但是整个人看起来并不生龙活虎,反而有些骨瘦如柴。她看向毛毛的眼神,明显透露着紧张不安的神情。雨柔小声地跟毛毛打了声招呼,就匆忙地回自己的房间学习了。

毛毛笑笑说:"雨柔是个腼腆的孩子啊!"

雨柔的妈妈解释说:"我们最近也正为这事犯愁呢!我们很重视雨柔的教育,她也很争气,从幼儿园开始就德智体美劳各方面都表现优异。小学的时候,雨柔也没让我们发过愁,她每次考试都是年级前几名。但是,自从升入初中开始,她的性格就变得比较腼腆,甚至有些孤僻。她总喜欢一个人待着,不爱说话不爱笑,也不喜欢跟同学一起玩,甚至连上课回答问题都不积极。这次月考成绩下滑了不少,考试前还出现了焦虑症,吃不下饭睡不着觉。据老师说,雨柔考试的时候,手一直在发抖,碰到无法做出的难题,便显得有些不知所措,完全没有信心继续做下去。老师和我们都跟她讲了很多道理,但是都无济于事。"

毛毛不解地说:"雨柔是个很优秀的孩子啊,怎么突然变得这么焦虑了呢?你俩上次当众夸雨柔是什么时候啊?"

雨柔的妈妈和爸爸面面相觑,支支吾吾了好一会儿,雨柔的爸爸才解释说:"雨柔是个好孩子,但是骄傲容易让人失去动力,因此我们很少夸她。其实,我们这样做,是希望她不要骄傲,而且我们也没觉得这孩子有什么举动和成绩值得我们称赞啊。"

毛毛又问:"那平时雨柔在家,你们都是怎么教育和辅导的呢?"雨柔的妈妈有底气地说:"我们俩都是老师,平时对她的要求自然高一些。她上初中了,班里几乎都是各个小学最拔尖的学生聚在一起,科目也比小学的时候多了。为了防止她成绩下滑,我们也是绞尽了脑汁。雨柔除了完成老师布置的作业和做卷子外,我经常会找一些与高等数学、物理、化学相关的难题给她做。这样,她再去做那些课本上简单的题的时候就会觉得容易多了,成绩自然会好。"

毛毛说:"孩子取得好成绩的时候,你们不会也从不表扬她吧?考试成绩不好的时候,你们又会怎么说雨柔呢?"

雨柔的爸爸说:"考得好是应该的,有什么可值得夸奖的;考得不好的时候,肯定得批评啊!我觉得她每次考得不好,主要原因就是做题太粗心,简单的题上面丢分真是太不应该。"

毛毛说:"你们这样做对雨柔是不是太苛刻了?毕竟,她还是个上初中的孩子。"雨柔的妈妈叹了口气说:"我们这样做还不是为了让她能顶住压力,学会面对挫折嘛。"

毛毛若有所思地点了点头，随即又摇了摇头，似乎明白了为什么刚才雨柔的眼神一直在躲闪——因为她的自信心被父母打击得支离破碎。

其实，很多孩子都是在父母所谓的"挫折教育"中长大的，比如："这么简单的事情都做不好，你还能干什么？""又没考一百分，你还这么开心？还好意思找爸爸妈妈要礼物？""你怎么这么笨？""毛手毛脚的，你就不能跟×××学学，你看看人家多聪明，多懂事！"

父母的这些话，对孩子来说是一种强烈的心理暗示，而且是消极的心理暗示，长此以往，孩子会认为自己就是父母口中那个糟糕的、不堪的孩子。父母故意不表扬孩子，反而不断提醒孩子

有哪些缺点和不足，会让孩子产生习惯性无助。孩子一旦遇到困难、一旦遭遇失败，或者达不到父母的标准，就会认为自己不够优秀。于是，孩子很可能放弃努力，选择顺其自然，对任何事情都提不起兴趣。父母的打击教育，会对孩子的身心造成巨大的伤害，会让孩子没有安全感，没有自信心，非常不利于孩子的成长。父母人为制造的挫折，还可能让孩子情绪变化无常，不再保持那份天真与童趣，而是过早地产生悲观厌世的情绪，智力和潜力的挖掘都受到限制。

有的家长为了让孩子接受挫折教育，给孩子暑假时报名军训，或者带孩子到沙漠、深山老林接受洗礼。当孩子忍受不下去向父母寻求帮助的时候，父母也熟视无睹，给孩子的身体和心理带来了严重的伤害。

真正的挫折教育不是打击孩子，也不是人为制造苦难和挫折，而是父母陪伴孩子一起探寻解决问题的方法，鼓励孩子勇敢尝试、勇敢地承担责任，让孩子更加自信和阳光。对孩子进行挫折教育，父母不妨从以下几个方面去做。

首先，当孩子遇到困难和挫折的时候，父母应该表现出理解，等孩子心情平复一些再进行说教和沟通。

比如，孩子上厕所的时候，不小心把最心爱的发卡掉到了公共卫生间的马桶里，孩子忍不住哭了起来。此刻如果妈妈打击和教育孩子，可能会这样说："不就是个发卡吗？再买一个就好了，哭什么哭！你做事应该小心仔细，你上厕所的时候就该把它摘了……"孩子听到这些话，估计会哭得更伤心，还会觉得妈妈不理解自己。但是，妈妈如果能够理解和安慰孩子，比如这样说：

"弄丢了这么可爱的发卡,如果换作是我,我也会很难过,真的很可惜啊!"孩子听了妈妈说的这句话,心情就会好一些。妈妈可以等孩子有了反馈再进行教育,然后站在女儿的角度给予安慰和解释,等孩子平复心情之后再说教。

其次,在孩子遇到困难和挫折时,父母应该耐心地陪伴孩子,然后想办法帮孩子解决问题,而不是一味地指责和否定孩子。孩子之所以会遭遇挫折,恰恰说明孩子在这个方面经验和方法不足,这并不代表孩子在这方面没有能力,更不能说明孩子智商有问题。父母在这个时候应该伸出援手给予孩子帮助和指导。

还是刚才那个发卡的问题,妈妈可以引导孩子:"你是不是想把它捞上来?要不咱们试试?"孩子会说:"已经冲走了,捞不上来了。"

这时妈妈可以引导孩子换个思路:"那你说怎么办呢?妈妈再给你买个一模一样的发卡?或者,你想要一个更可爱的发卡呢?不如一会儿回到家,咱们一起在网上选一下怎么样?"在妈妈的引导下,孩子的注意力便会发生转移,然后她会和妈妈开开心心地回家。

最后,挫折教育的关键不是惩罚孩子,而是让孩子学会承担后果。比如,孩子不小心打碎了花瓶,父母不应该劈头盖脸批评孩子,而是应该告诉孩子,花瓶的碎片很可能划伤周围的人,这是很危险的一件事。父母这时最重要的事情不是批评孩子,而是让孩子想办法进行补救——帮助孩子把花瓶碎片收走,并赔偿别人损失。对做错事情的孩子进行一通说教,无异于在孩子伤口上撒盐,不但让孩子感觉更加无助,还可能让孩子惧怕犯错,甚至不敢承担做错事情的后果。

所以,当孩子遇到挫折时,父母多给予孩子理解和支持,让孩子内心获得可以信任的力量,共同成就孩子更精彩的人生吧!

2.4 不要折断孩子的羽翼

很多孩子有了思想和表达能力之后,都会被问到一个问题:"你长大了想干什么?"

没有哪个孩子敢说自己的梦想是当一名保安、糕点师或者理发师,因为孩子们知道这样的答案会被大家嘲笑,于是大部分孩子会这样回答:"我长大后想当科学家、作家、老师、警察……"孩子们深知,只有自己有出息、有长进,父母才会高兴。

父母也竭尽所能,给孩子创造优越的生活条件。同时,他们喜欢对孩子颐指气使,让孩子按照他们的要求去做,而且认为这种行为能够帮助孩子成长。实则不然,这样的教育方式只会让孩子变成父母的"傀儡"。

> 瑶瑶的学习成绩非常优秀,高考时更是考了全市第一。本以为瑶瑶的第一志愿会报考清华或者北大,没想到她却选择了本省的一个重点大学。班主任疑惑不解,于是主动打电话询问瑶瑶:"你的志愿填报是不是有问题,还是家里遇到什么困难?你怎么不报考一个更好的学校呢?以你的高考成

绩报考任何一所985院校都没有问题啊!"

瑶瑶则淡淡地回答说:"妈妈说了,大学还是离家近一点方便,最重要的是选一个比较热门的专业。我报考的是计算机专业。"

瑶瑶上大学后每天的学习生活很简单,就是三点一线,教室——图书馆——食堂。

大学四年级时,周围的同学都忙着找工作,或者备战公务员,瑶瑶则一心想要报考省外的研究生。为了能够顺利通过考试和面试,瑶瑶还自己报了辅导班,每天坐一个多小时的公交车上课。但是,课程还没上一半,父母就泼了一盆凉水:"小女孩在外面很不安全,何况自己准备考试肯定不保险,到时候考不上只能边工作边继续学习,你还不如弄个保险点的。我早就跟你们辅导员打听过了,以你的成绩和在校表现,只要你报考本校本专业,就可以免试保送入学,还可以减免学费呢,一举两得,何乐而不为呢?"就这样,瑶瑶不得不放弃了外校考研梦,辅导班再也没去过。

保送研究生,这是多少人梦寐以求的事情啊,但是瑶瑶怎么也开心不起来。一次,同寝室的人问瑶瑶:"瑶瑶,你怎么不开心呢?你看我们不是忙着备考研究生,就是忙着找工作,忙得团团转,还担心出意外。你被保送研究生,怎么还愁眉苦脸呢?"

瑶瑶眼里掠过一丝忧伤,小声地说:"如果还有重新选择的机会,我想坚持自己的想法,我也想自己努力一下。你知道吗,我不止一次想从图书馆的顶楼跳下去,因为我觉得自己所做的研究和学习没有任何实际意义,有时候我会觉得自己根本没有存在的意义,真想结束这了无生趣的人生!"

室友被瑶瑶的话吓了一跳,赶忙安慰道:"你别钻牛角尖,父母也是为了咱们好。"

瑶瑶鼓起勇气说:"估计按照他们的想法,我还得考博,博士毕业后还得回家考个公务员,找个铁饭碗的工作。然后,找熟人安排他们认为靠谱的对象相亲,接着就是结婚生子,然后相夫教子。这就是我的一生,被父母安排得明明白白的一生。"

室友也若有所思地回答道:"是啊,我们不过是父母的提线木偶罢了。我们说毕业后自己创业,他们觉得就是胡闹、瞎折腾;我们说做IT,父母就觉得这份工作干不长远;我们说利用课余时间做兼职,父母就会觉得不安全还浪费时间;我们想根据自己的兴趣爱好学点什么吧,父母就说这就是瞎花钱,是没用的东西……"

瑶瑶点点头丧气地说:"对啊,总之不按他们说的做,就不行,就不对。我们不过是父母的傀儡罢了。"

《奇葩说》曾有这样一个议题:"如果你是孩子的爸爸妈妈,你现在可以为孩子一键定制完美人生,你会主动按下按键吗?"听到这个问题,绝大部分的家长会选择按下按键。可是,父母以为的完美人生,就是孩子心里想要的生活吗?答案显然是否定的,父母眼中的珍宝,在孩子眼中或许毫无价值。父母所谓的"一切都是为了孩子好",不过是在自己认知范围内的全方位地控制孩子。

如果父母每天给孩子安排生活和学习，孩子实际上就变成你的傀儡，变成一个无论是生活上还是精神上都无法独立的人。遇到困难和挫折，孩子会显得手足无措，会第一时间向父母求助。其实，这种教育方式不是爱，不是帮助，而是一种伤害。

文文四岁时就能完整演奏难度颇高的《野蜂飞舞》《土耳其进行曲》，九岁时就在当地一所大学举办个人钢琴独奏音乐会，十七岁时就获得国际钢琴大赛银奖，成为当时比赛史上最年轻的获奖者。十八岁时，文文更是把国内各大钢琴比赛的冠军全部收入囊中。然而，十岁前往德国留学，二十岁肄业回国，已经过了而立之年的文文现在却没有成为知名的钢琴演奏家，而是只能偶尔在一些三四线城市琴行演出、做兼职教师或者做酒店开业的表演嘉宾。

毫无疑问，文文的人生似乎一直在走下坡路，而这一切与他父母的教育方式不无关系。

文文的父母是学校的音乐老师，文文两岁半的时候，无意中玩起了哥哥的玩具电子琴，还不住地按顺序按下琴键并追问父母这是什么音。父亲弹奏一首曲子，文文听一遍就能完美复制。父亲为此激动地"老泪纵横"，认真地说："臭小子，你只要听爸爸的安排，准没错！你是个天才，你是个钢琴方面的超级大天才。"

文文国外学琴期间，父亲坚持每天让文文练习七八个小时，除了吃饭睡觉上学，其余的时间全部用来练习钢琴。留学期间父亲要求文文坚决与外界隔离，还声称只有活在琴谱的世界，才能真正领悟作曲者和演奏者的心境。有一次，父亲命令文文在老师和同学面前演奏《伊斯拉美》，结果父亲并不满意，执意让文文再练习十遍。文文的体力已经明显跟不上了，眼睛里噙着泪水，央求父亲休息一会儿，但是被父亲拒绝了。文文一边练习一边脱口而出："我恨你，我讨厌这样被你指挥。你是魔鬼，而我就是个傀儡，我希望有朝一日你下地狱。"

然而，文文屡屡斩获大奖让父亲冲昏了头脑，他坚持认为文文已经达到了大师级别，无需继续学习了。于是，父亲对文文下达了肄业回国的通知，文文一下子有些回不过神。因为留学期间，文文的起居饮食都是父母照顾的，他甚至没有单独出过门，更没有单独买过东西，甚至连自己租住的公寓所在的街道名字都一无所知。这就意味着，如果文文拒绝父母的安排，他将无法在国外继续生活，因为他除了弹琴、练琴，什么也不会。

就这样，天才钢琴少年回国后，毫无自理能力。他手捧一堆奖项，却不知如何谋生。后来，依靠之前的老师推荐，才勉强生存下去。

孩子是一个完整的个体，不是父母的附属品，父母不能将自己的想法强加给孩子。纪伯伦在《你的孩子，其实不是你的》中写道："你的儿女，其实不是你的儿女。他们是生命对于自身渴望而诞生的孩子。他们借助你来到这世界，却非因你而来，他们在你身旁，却并不属于你。你可以给予他们的是你的爱，却不是你的想法，因为他们有自己的思想。你可以庇护的是他们的身体，却不是他们的灵魂。"

很多父母想把世界上最好的东西都给孩子，却忽略了孩子是否真的需要那些东西。孩子是一个有思想的独立个体，而不是父母的附庸。正常的家庭关系中，父母和孩子应该是平等的、独立的。当孩子的理想遭遇一次又一次粗暴的干预，当孩子的人生道路被父母谋划周全，做着并非天赋所在或自己所喜欢的事情，其生活的动力和欲望也随之消磨殆尽。那种毫无自我、一眼可以看到头的人生有何意义？因此，试着放手去爱，让孩子自由飞翔吧！

第三章

把受了委屈的孩子紧紧拥入怀中

3.1 和孩子一起认识委屈

每个人都有受委屈的时候,当你被别人误会、被人恶意攻击、当你的付出不被人认可的时候,你都会感到委屈。

史密斯是一位知名的摄影家。他从14岁便开始独自拍摄作品。一天,史密斯到郊外的公园找拍摄素材。尽管在公园拍了一大圈,他还是没有拍出满意的作品。这时,史密斯正巧遇到了摄影协会的一位老会员,据说其摄影技术惊为天人,史密斯便打算上前请教一番。

"嘿,我也是摄影爱好者,请问您有时间指导我一下吗?我对自己拍摄的照片并不满意。"史密斯站在老者的身后轻轻拍着其肩膀说。

不巧的是,史密斯拍老者肩膀的时候,老者正在按快门键。史密斯这一拍,导致老者的相机抖了一下。老者捂着头,惊呼道:"完了,一切都完了!"

老者又拿起相机打算补拍,结果看了看镜头之后,叹了口气,最终绝望地放下了相机。他生气地看向史密斯,怒吼道:"你要干吗？你懂不懂一点礼貌呢？你知道随便拍我一下，给我造成的损失有多大吗？你赔得起吗？！真的是年少轻狂，不知者无畏！"

老者对着史密斯发了一顿脾气之后，就生气地离开了。

史密斯被这突如其来的批评和指责吓了一跳，他的心里委屈极了，也生气地跑回了家。他回家后把事情的来龙去脉告诉了同是摄影协会会员的爸爸，还没好气地说:"我只是轻轻拍了他一下，能有什么损失？他居然还说我赔不起！至于这么蛮不讲理吗？即使我影响了他拍照，再拍一下不就完了，至于大发雷霆吗？我真的不是故意的。"

爸爸则笑着安慰道:"换位思考一下，你站在他的立场上，你会不会生气呢？无论你是否是故意拍人家，人家的照片都没有拍好，这就是损失。其实，你应该放下自己的委屈，替别人想一下。还有我想告诉你的是，据我所知，那个老者已经在公园蹲守了两个多月了，为的就是抓拍日落前完美的一瞬间。你这一拍，人家这两个多月的努力都白费了，换作是我也会生气的。"

听完爸爸的话，史密斯赶紧要来老者的电话并打电话向对方道歉:"对不起，先生，我刚才有些冒失了，因为我的冒失导致您两个多月的蹲守都白费了，我真的深感抱歉。我刚刚在公园拍了一圈也没达到理想的效果，刚好遇见您，这才想向您请教一下，没想到竟然耽误了您的大事！再次跟您道歉！"

老者有些不好意思地说:"年轻人，我也应该跟你说声抱歉。我突如其来的责备一定让你委屈至极，有机会来我家做客吧,我们可以切磋交流一下关于摄影方面的心得!"史密斯愉快地答应了。

对不起,先生,我刚才有些冒失了……
没想到竟然耽误了您的大事!
再次跟您道歉!

自己的行为给对方造成一定的损失,然后被对方批评和责备的时候,我们一般会感到万分委屈。其实,我们这时不妨换个角度思考问题。这样不仅能够化解矛盾,还能让自己学会反思。

一阵急促的电话铃声响起,王老师刚拿起电话,听筒中便传来数学老师气愤的声音:"王老师吗?你们班的王平和李司真的太不像话了!今天的数学课他们两个不注意听讲,我让大家进行小组讨论的时候,他俩还交头接耳说与学习无关的话题。你必须严肃批评一下他们两个了。"王老师先安抚了数学老师的情绪,然后答应会严肃处理这两个孩子的问题。

王老师挂断电话后,便坐在办公室寻思起来:王平的成绩处于中下游,平时我上课的时候就喜欢说废话,经常有同学告状说他影响课堂秩序;李司的成绩一向不好,偶尔也会在课堂上做小动作,或者上课走神。因此,数学老师反馈的问题应该是真实的。

但是,王老师单独把王平和李司叫到办公室询问,结果二人都委屈地哭了,都矢口否认自己上课说话捣乱了,还说数学老师冤枉了他们。无奈之下,王老师找来了二人的前后桌求证,结果得到的答案是:对不起老师,上课时自己正忙着跟搭档讨论数学问题,并没有注意到他们是不是在说与学习无关的话题。一下子,这件事成了"无头案"。

没有绝对可靠的人证,王老师也不好下结论。此时王老师也不好再去找数学老师求证真相,因为这样做会令数学老师认为,自己指出他们的问题,他们还不愿意承认,这无疑会令数学老师更加讨厌他们。于是,王老师利用班会的时间,让同学们帮她想办法。

同学们积极地发表他们的看法。有的同学说:"老师,我觉得不要再去问数学老师了,让他们俩以后上课注意一下就好了。"还有的同学说:"我觉得老师既然提出这两位同学的问题,肯定是发现他们做了不当的行为。否则,为什么全班这么多人,单单就说他们两个呢?"

听到这里，李司突然站起来说："王老师，我刚才回想了一下，我昨晚做作业做得太晚了，晚上睡得不够，今天的情绪和精神都不如平时高涨。数学老师让我们自由讨论的时候，我一直低着头听王平给我念题，然后我还莫名其妙地笑了一下。是不是我笑的时候被数学老师刚好看见，就以为我俩是在说与课堂无关的话题，所以批评了我们？"

王老师笑了笑，示意李司坐下，总结道："首先，王平和李司你们两个确实有做得不够好的地方。虽然你们没有说与学习无关的话题，但是你肯定是因为走神了，所以才会莫名其妙地笑了。你俩现在还觉得委屈吗？"二人摇摇头。

王老师又说："很好，你们已经可以正视自己的问题，也知道如何反思这是件好事。大家通过这件事也都受到了教育。上课的时候就应该认真听讲，主动思考，配合老师，积极回答问题，即使是自由讨论也要做好。讨论就是你发表一下意见，我说一下我的理解，这样才能有思想碰撞的火花。"

人生不如意事十之八九，我们总是会因为这样那样的原因遭受委屈。受到委屈，首先要确定是不是自己做错了事情。如果真的是自己做错了事情，被别人呵斥两声也没什么，因为没人可以不犯错。如果自己被冤枉了，也不要太难过，可以寻找恰当时机进行解释。同时，在心中安慰自己：清者自清，事实会证明一切。

受委屈后心情不好，可以找朋友谈心，将自己心中的委屈说出来。或者，找个没有人的地方痛哭一场。有时候，我们找一个可以袒露秘密的人不容易，所以哭一场也是个不错的发泄办法。记住，被人误解和遭受委屈是很常见的一件事，毕竟这世界上只有你自己才最了解自己。有时候承受委屈只是因为我们不够强大而已，所以努力提升自己和改变自己，能让自己少承受一些委屈。

3.2 默默流泪解决不了任何问题

郑渊洁在《智齿》中有这样一段内容：女主人公小新被同学怀疑偷了文具，还被告到了老师那里。老师在不清楚事实真相的情况下，就吓唬小新："你再这样不老实交代真相，我可就只能打电话叫你的家长来了！"意外的是，小新居然义正词严地对全班同学说："你们竟然都来冤枉我，我一定要告诉我爸爸！"听完小新的话，有部分同学在惊讶之余，纷纷投来羡慕的目光。

是啊，有些孩子遭受委屈后，想到的是如何向爸爸妈妈隐瞒这件事。即使被父母知道了，也不敢主动向父母讲述事情的来龙去脉，反而更习惯用默默流眼泪的方式来表达自己的委屈和痛苦。小新居然可以大方地找父母倾诉和帮忙，这简直令同学们羡慕极了！

正所谓"亲其师，信其道"，只有亲近自己的老师，才能相信和学习老师讲授的知识和道理。这样的道理同样适用于家庭教育，孩子受了委屈，父母要给予孩子信任和安全感。这样孩子才愿意开口倾诉，才会有勇气让父母看到那个弱小迷茫的自己。

如果孩子受了委屈，宁愿选择自己一个人流眼泪，也不愿意找父母倾诉，那么一定是父母的教育方式和沟通方式出了问题。如果父母总是不分青红皂白便批评和指责孩子，甚至对孩子使用暴力，那么孩子受了委屈便不会向父母倾诉，也不会向父母寻求帮助。他们只会默默地把委屈和困惑藏在心里，或者用流眼泪的方式发泄自己的情绪，而不知道如何解决问题。时间越久，亲子关系越疏远，孩子也越难以独自解决困难和问题。

苏珊给自己的好友玛丽打电话："周末带着孩子来我家玩吧，顺道听我诉诉苦。我觉得我最近变成了可恶的巫婆。"玛丽笑着问道："怎么回事？难道你会魔法了吗？你的女儿变成白雪公主了吗？"

苏珊笑笑说："别不正经，我烦着呢！我想跟你取取经，我家女儿丽萨今年五岁了，以前我只是觉得她有些娇气，尤其是批评她或者受了点委屈的时候，动不动就流眼泪。我现在一看到她流眼泪就心烦，情绪就像火山爆发一样！着急的时候，我都想动手给她两下。"

玛丽接着说："你这样可不行啊！你需要克制自己的情绪。其实，丽萨现在的年纪，她还不懂怎么表达自己的委屈。当我们不接受她的委屈时，她会觉得无所适从，不知道怎么解决，不知道找谁倾诉。她之所以流眼泪，或许只是为了得到父母的关注和安慰，收获安全感，所以你一定要学会克制。"苏珊说："好吧，等你周末来了咱们见面聊！"

周末，玛丽带着自己从果园采摘的蔬菜和水果，与儿子一起到苏珊家做客。中午，玛丽和苏珊一起在厨房准备午餐，而丽萨则和苏珊的儿子一起在院子里玩起了沙子。

刚开始,两个小孩子由于很长时间没有见面,还玩得有说有笑,但是没过几分钟,苏珊就听到院子里传来了女儿丽萨的尖叫声和哭声:"这是我家,这是我刚盖好的城堡,你凭什么给我弄坏了!我再也不和你玩了。呜呜呜……"

苏珊正和玛丽一边准备午饭,一边聊育儿方面的事情,忽然被丽萨的哭声打断了。苏珊生气地放下手中的菜说:"你看吧,这孩子就是这样,整天就喜欢哭哭啼啼,我都无计可施了!"

这时,站在院子中间边哭边揉眼的丽萨看到妈妈来了,哭得更大声了。苏珊见状,更生气了,使劲拽了一下丽萨的衣服说:"你怎么又哭了?"

丽萨委屈地说:"我刚用铲子盖好的城堡,他就给我弄

坏了！"苏珊越听越生气，忍不住说："又不是真的城堡，坏了重新再盖一个不就行了！你至于吗，哭得这么伤心，还冲人家大喊大叫的。你知不知道这样很没礼貌？你看哪个孩子像你这样子？"

丽萨听完妈妈的话，哭得更大声了，甚至嗓子都哑了，仍然倔强地站在院子里接着哭。苏珊冲着其他人说道："走，走，走，咱们都回去准备吃饭，不要管她，让她一个人在这里哭个痛快。你们谁都别管她，总是这个样子，动不动就哭，跟她说什么都听不见似的，遇到问题就知道哭，完全不想办法解决，就让她哭吧！"

玛丽见状赶紧冲苏珊使了使眼色，示意她要冷静。玛丽从客厅拿了一个大苹果递给丽萨，然后把她抱了起来，关切地问："亲爱的宝贝，可以告诉我到底发生了什么事情吗？"

丽萨抽泣着说："阿姨，皮皮说喜欢我的小红铲子，但是我也很喜欢，我只把我的蓝色小铲子给他玩。可能他还是觉得我的红色铲子才是最好的吧，我刚刚盖好了城堡，他就生气地抢走了我的小红铲子，还把我的城堡踩坏了。然后，他还不归还我的小红铲子。"

原来是这样，玛丽点点头说："是这样啊！阿姨家里有一把跟你这个一模一样的红色铲子，可能他以为那个是他的，所以一直跟你抢。阿姨刚才来的时候还带了机器人，你现在拿这些玩具跟他换，然后一起玩这些玩具，可以吗？"丽萨用机器人换回了自己的红色铲子，两人又开开心心地玩了起来。

孩子在成长的过程中难免会受委屈,因此引导孩子学会表达和倾诉,并教会他们如何处理委屈是十分重要的。否则,一旦孩子形成委屈型人格,那么造成的后果将是不可估量的。

孩子形成委屈型人格,则会变成这样的人:在人际交往中,不敢表达自己的真实想法,害怕被别人质疑,害怕不被大家认可;交往中害怕与别人发生矛盾,因此习惯主动赔礼道歉,来消除交往中的矛盾;不懂得拒绝,也不知道如何拒绝别人的请求,甚至觉得自己没权利拒绝别人;内心比较敏感,做人、做事瞻前顾后,总是害怕侵犯别人的利益;不太关注自己的内心世界,喜欢讨好和迎合别人;不愿意主动寻求帮助,害怕麻烦别人,更害怕被拒绝。

孩子总是用流眼泪的方式表达自己的委屈,或者把委屈默默藏在心里,主要是因为:父母对孩子的想法和行为不够理解,甚至经常反对和训斥孩子。当孩子受到委屈时,父母往往先批评孩子,而不是询问到底发生了什么事情。这种直接讲大道理的教育方式,很明显没有站在理解和支持孩子的角度来思考问题。于是,时间越久,孩子越觉得,父母跟自己是站在对立面的。

教育方式的错位。很多父母都认为教育就是越严格越好,孩子越听话越好,从来没有想过,过于严格的教育,会让孩子失去自由和生活乐趣。在父母的强力打压下,孩子不敢表达自己受的委屈,不敢拒绝别人过分的要求,不敢表达自己的愤怒,变得越来越怯懦。

孩子本身内向、缺乏自信。这样的孩子往往不善于表达自己的想法,有什么事情都喜欢一个人处理,喜欢把自己的想法藏在心里。这样的孩子能够敏锐地感受到周围的人是不是喜欢自己，他们思想包袱比较重，自卑心比较重。

越是不敢表达自己委屈的孩子，内心越渴望被人理解和认可，也越希望有人能够主动发现自己的心理需求。这样，他们才能获得更多的安全感，才乐于在交往中表现出热忱。那么，父母应该如何帮助受委屈的孩子呢？

首先，要学会倾听。给孩子表达自己情绪的机会，让孩子完整地释放自己的消极情绪，引导孩子释放自己的压力和烦恼，引导孩子说出事情的经过和自己真实的感受。

其次，要学会忍耐和宽容。不要一味地责备孩子，要学会站在孩子的角度分析事情的来龙去脉，学会尊重和理解孩子，给孩子更多的关怀和温暖，让孩子拥有安全感。

最后，当孩子受委屈时，父母也要学会引导孩子发现自己的问题。父母要先弄明白孩子为什么觉得委屈，然后再引导孩子去解决问题。同时，父母要做孩子的榜样，不能过分指责和打骂孩子，因为采用暴力的方式只能扩大问题，而不能从根本上解决问题。

当孩子能够感受到父母的理解和关爱，他们会明白默默忍受不能换回理解，积极主动寻求父母的帮助和支持，才能摆脱困境。这才是每个孩子必须坚持走的路！

3.3 讲道理不如让孩子发泄

当孩子受委屈时,大部分父母会选择跟孩子讲道理,不让孩子一味地哭泣。实际上,这种方法并不管用,因为道理是需要孩子亲身体验后才能领悟的。

孩子受委屈时,跟孩子讲道理,并不能安抚孩子糟糕的情绪,甚至会令孩子的不良情绪扩大,影响孩子的健康成长。

玉儿虽然才七岁,但是已经可以照顾自己了,今天是她在私立学校住宿的第二周。妈妈有些不放心,于是拨通了班主任老师的电话:"喂,老师好,我是玉儿的妈妈。我还是有些担心孩子,怕她照顾不好自己。请问她最近表现怎么样?"

班主任老师说:"这正准备给您打电话呢!孩子刚才摔了一跤,额头上起了个鸡蛋大小的包,您要是现在有空,赶紧过来一趟吧。"

妈妈的突然提高了音量,问道:"什么?怎么回事啊?怎么会摔倒呢?"

老师赶忙解释说:"虽然我们一再跟孩子们强调,下课后无论在教室内还是楼道内都不允许追逐、打闹,但是孩子们本身就活泼好动。今天课间的时候,玉儿和她的同桌打闹着就跑出了教室,结果,玉儿脚下一滑,身体不自觉往后倾倒,她的同桌在她后面一推,两个人都摔倒在了地上。"

妈妈顾不上听老师解释,赶紧开车到了学校。

老师这时还在对玉儿进行说教:"你妈妈一会儿就来了,但是我还是要批评你。无论你是出于什么原因,都不应该跑得这么快。老师从开学第一天就跟你们讲过,在楼道追逐、打闹是很危险的。你想想,你如果下课不跑,会摔倒吗?别人也不会扑在你身上。"

妈妈赶紧走上前,一把拉住了玉儿,说:"老师,我们今天请假。我先带孩子回家用冰块冷敷一下,这样头上的包下去得快一些。实在对不起,给您添麻烦了。玉儿,你以后也要多注意,老师说什么一定要认真听,不要不当回事,以后不允许你在楼道里乱跑乱跳了,知道吗?"

奇怪的是,早就停止哭泣的玉儿听妈妈说完,居然放声大哭起来,好像受了天大的委屈一般。老师在一旁安慰道:"这估计是看到妈妈了,一下子把委屈都释放出来了。这样,你们先回去治疗一下,我这边联系一下另一个孩子的家长,他的脑袋也被撞得起了个大包。后续要是孩子们有什么问题,咱们再联系沟通。"

玉儿坐在副驾驶的位置上,把头偏向一边,看都不看妈妈一眼,一直噘着嘴不说话。回家后,妈妈立刻拿出冰块准备往玉儿的脑门上放。不料,冰块还没碰到玉儿的额头,玉儿就一把推开了妈妈的手:"太冰了,我的额头怎么受得了?"

于是,妈妈赶紧往冰块上裹了一层厚厚的毛巾。妈妈拿着冰块刚刚碰到玉儿受伤的额头,玉儿就撕心裂肺地高喊道:"哎呀,疼死了,你能不能轻一点?"

妈妈想了想,恍然大悟道:"你这是故意跟妈妈闹别扭吧?"玉儿一脸委屈地说:"哼,才不是呢!"

妈妈又说:"你是不是觉得你受伤了,妈妈没有第一时间关心你的伤势,还跟老师一直给你讲大道理,心里觉得很不舒服,有点儿埋怨妈妈啊?"玉儿噘着嘴说:"哼,算你能懂我的心思。"

妈妈搂住玉儿说:"妈妈跟你道歉。其实,妈妈很关心你的,知道你受伤就第一时间赶过去了。当然,妈妈确实不应该在不了解真实情况的时候跟着老师训你,现在你有什么委屈都可以和妈妈说,或者跟妈妈分享一下受伤的经过,好不好?"玉儿紧紧搂住了妈妈,把自己受伤的经过和心里的委屈都说了出来。

很多孩子受了委屈,常常会用大哭的方式来寻求安慰和帮助。很多父母一看到孩子号啕大哭的样子,就忍不住想发火。如果这时父母控制不住自己的情绪,让急躁情绪占了上风,就会对痛哭的孩子怒吼:"哭什么哭,就知道哭!"

脾气稍微好一些的家长则会对孩子说:"你现在先忍住不要哭,听妈妈给你讲道理。"然而,在孩子看来,自己这么委屈,

妈妈还要给自己讲道理,这是否定自己的行为,否定自己的情绪。

孩子受委屈的时候,父母不要急于说教,而是应该接纳孩子的情绪,给孩子表达的机会。父母平等地和孩子进行对话,孩子的情绪会慢慢平复下来。父母这时再进行说教,才会起到积极的效果。

父母懂得照顾孩子的情绪,给孩子开口表达的机会,才能弄明白孩子的真实想法,也才能"对症下药"。而且,孩子有时候只是内心委屈,让孩子发泄出来之后,他们可能就明白自己哪里不对了。有的时候沉默和倾听往往比讲道理有效果。学会保持安静,多听听孩子内心最真实的声音,才是聪明的父母!

3.4 足够的爱与信任

知乎上有网友提问:"什么时候你最羡慕别人的父母?"答案千奇百怪,有一个收到了几千条回复和点赞的答案是这样的:"同学带着一身的伤痕回到家,得到的是父母的理解和关爱,而不是误以为调皮捣蛋再揍一顿。"

是啊,看似坚强、无所畏惧的孩子,受了委屈后也会非常脆弱和不安。如果孩子受了委屈却不敢第一时间告诉父母,也不敢告诉其他人,只能自己一个人默默承受和忍耐,终有一天会被压垮。另外,孩子在外面受了委屈后不敢告诉父母,只能说明父母的教育和沟通出现了重大问题,孩子对父母连基本的信任和信赖都没有。

悲剧爆发往往只在一瞬间,但是并非一点小事就触发了危机,而是日积月累的亲子隔阂演变而来。孩子受委屈后不愿意告诉父母,父母发现后要进行反思,并想办法缓和亲子关系,从而避免悲剧爆发。

妈妈接儿子晓龙放学的时候,一眼就看见儿子额头上有一道深深的抓痕。妈妈着急地问:"怎么回事?怎么脑门儿上有一道伤口?今天在学校跟同学打架了吗?"

晓龙低下头低声说:"妈妈,没有打架,我就是脑门儿有点痒,挠的时候用力太大,挠伤了。我现在已经不疼了。"

妈妈看晓龙的伤势也没什么大碍,也就没当回事。谁知第二天中午,妈妈却接到晓龙班主任的电话:"您好,您是晓龙的妈妈吧?我是他的班主任老师。您现在方便的话,最好来学校一趟。晓龙的头部受伤了,流了一点血,我现在正带着他在医务室包扎呢!"

妈妈顾不上请假,放下手中的文件就去往学校。等她赶到学校时,看到晓龙正用手捂着包扎好的伤口,眼泪止不住地从眼角流下来,衣领和胳膊上也布满了血迹,班主任老师正在旁边安抚。妈妈心疼地哭了起来,赶紧追问老师:"晓龙这是怎么了?怎么这么严重?跟同学打架弄伤的吗?"

老师解释说:"晓龙下课的时候跟同桌闹着玩,本来两个人就是互相扔粉笔,结果同桌突然拿起黑板擦扔向了晓龙,正好砸中了晓龙的额头。我已经批评过他的同桌了,对方家长也正在来的路上。您要是不放心,咱们一会儿还是一起到医院再检查一下比较好。"

妈妈难过地问晓龙:"你老老实实告诉妈妈,前几天你头上的抓痕是不是也是你同桌抓伤的?"晓龙委屈地看向妈妈,又看了看老师,唯唯诺诺地点了点头说:"是!"

妈妈顿时心疼极了,她忍不住上前抱住晓龙,说道:"你这傻孩子，自己受了委屈，也不吭声。妈妈都问你了，你还不敢告诉妈妈，你真是傻啊！"

晓龙听完哭得更厉害了："我就知道你会这么说，所以我才不愿意告诉你真相，反正就算我受了伤，你也会觉得是我错了。告诉你又有什么用呢？"

妈妈感觉心酸极了，沉默半晌说道："妈妈道歉，以后不会这样了。我知道你是一个懂事的孩子，以后受了委屈一定要跟妈妈说，妈妈帮你一起想办法解决问题。下次不要选择一个人默默忍受，我们会心疼的。"晓龙点了点头，然后搂紧了妈妈。

孩子小时候哪怕摔一跤，都会选择第一时间告诉父母。如果父母第一时间与孩子站在同一战线，关心孩子的安危得失，那么孩子就会相信父母是爱自己的，以后有了不顺心、不开心的事情会主动告诉父母。反之，父母看到孩子受委屈，第一时间却质问孩子"你怎么这么笨""你怎么就不知道还手""你怎么就不知道骂他"，这会让孩子觉得有了委屈告诉父母也没有用，亲子关系会慢慢变得冷淡。

心理学家戴·埃尔金德说："孩子们最需要知道的是，他们对父母很重要，永远都被爱围绕。"当孩子知道，不管他是好是坏，父母都是爱他的，他才会在遇到问题后第一时间寻求父母的帮助。

在孩子成长的过程中，受委屈肯定是在所难免的。父母看到孩子受委屈之后不要急于发表意见或者急于训斥，而是应该让孩子发泄和倾诉自己的委屈。孩子倾诉过后，父母的一个拥抱或者一句安慰的话，就足以让孩子感受到无尽的爱。接着，父母可以正面跟孩子沟通，站在理解和宽容的角度与孩子进行对话，帮孩子摆脱不良情绪的困扰。

父母对孩子的爱是出于本能反应的，而相信孩子或许需要更大的勇气。但是，唯有爱与信任才能让父母走进孩子的内心世界，弄明白孩子的心思，进而营造和谐的亲子关系。给孩子爱与信任，让孩子坚信即使周围一片漆黑，父母也会化作一道光照亮自己前行的路！

第四章

与孩子一起经历
失败、享受成功

4.1 如何正确面对失败

俗话说"失败是成功之母",但是在现实的学习和生活中,没有人喜欢失败的感觉,甚至有的人为了避免失败,不愿意接受和尝试新事物。在众人的认知中,失败不是好事,可是孩子成长的过程中,难免会遭遇失败。

当孩子蹒跚学步的时候,他们可能会不停地摔倒,然后再爬起来。尽管父母也会心疼孩子,但是为了孩子的将来考虑,父母会鼓励孩子,不让孩子被"失败"打倒。等到孩子进入小学后,很多父母却不再安慰和鼓励孩子,反而会责怪孩子学习成绩不如别的孩子、才艺不如别的孩子多……父母这样的举动让孩子误以为他们只喜欢优秀的、成功的、成绩好的孩子,自己犯错、失败、成绩差会让父母感到丢脸。有的孩子甚至会认为,自己没有聪明的头脑,才能有限,能力不足,是个彻头彻尾的失败者。

显然,这样的教育方式无异于把孩子再度推向下次失败的边缘。父母在孩子尝到失败的滋味之后,不应该责备孩子或者嘲讽孩子,应该抱着允许孩子失败和犯错的态度,安慰和鼓励孩子勇敢面对失败，这样才能激发孩子的自信心。

亮亮是一个小学三年级的学生，他在上课的时候会积极回答老师提出的问题，课后也能按时完成老师布置的家庭作业，与同学的关系也非常好，老师们也都喜欢这个活泼可爱的孩子。然而，一次课间休息的时候，亮亮的同桌却跑到办公室打小报告说："老师，亮亮没按时完成作业，现在非要拿着我的卷子抄袭。我说不让他抄，他直接把我的卷子抢了过去。"

老师一脸疑惑，她实在不愿意相信，亮亮这么优秀的孩子会抄袭别人的卷子。

不料，老师到教室后果真发现亮亮在抄袭同桌的卷子。亮亮看见老师后，整个人都呆住了，沉默半晌才不好意思地说："昨晚放学的时候走得太急，我忘记把卷子带回家了。我怕妈妈训我，就跟他们说昨天没留作业。今天到了学校我害怕您检查卷子，害怕您知道我没写后会批评我，情急之下我才选择了抄袭同桌的。老师，我错了，对不起！求您了，千万别把这件事告诉我的父母。妈妈说了，不允许我丢三落四，更不允许我犯这些低级错误，要不然他们肯定会批评我的！"

班主任这才想起上次期末考试结束的时候，本来想让亮亮的妈妈跟其他家长分享一下教育经验，结果亮亮的妈妈却一脸嫌弃地说："没什么好分享的，亮亮这次才考了班级第二，年级排名更是下降了，真是太糟糕了。这让我怎么好意思分享经验，我倒是打算回家好好批评他呢！"

没什么好分享的,亮亮这次才考了班级第二……
我倒是打算回家好好批评他呢!

从这个故事中不难发现,父母过于看重孩子的成绩,孩子容易出现撒谎和退缩的行为。孩子遭遇失败,父母若是采取批评指责的态度,孩子就不敢承认自己的失败,也不敢正视自己的错误。孩子遇到问题后,第一时间想到的是逃避,而不是思考问题出在哪里和怎么解决。更可怕的是,孩子越是害怕失败,注意力就越难集中,反而越容易出错。反之,如果父母可以容忍孩子犯错和失败,孩子就更有安全感,也更愿意主动承认错误和失败,也越敢于勇敢面对困难。

一次,萍萍带着儿子丁丁和几个孩子在小区里玩射箭游戏。尽管大家都是第一次玩这个游戏,但是别的孩子都射得很准,几乎都能正中靶心。

可是丁丁却有些发挥失常了，他眼睛使劲盯着靶子，手有些颤抖，力度也有些掌握不好。眼看着小伙伴们一次次命中目标，兴奋地互相击掌欢呼，他却接连脱靶，丁丁无奈地叹了口气。

妈妈看到丁丁面露难色，有些心疼地对他说："丁丁啊，是不是有点失落啊？是不是觉得自己技不如人有点难堪？"

丁丁低着头说："是的，妈妈，我觉得自己是个失败者，觉得自己实在太丢人了！"

妈妈急忙关切地安慰道："傻孩子，你怎么会这么想呢？你可能只是压力太大，或者没掌握好技巧，所以暂时没有其他小朋友射得好而已。你只要再熟悉一下，再多练习几次，等你领悟了其中的技巧，一定也可以射中靶心。你要知道，失败对于每个人来说是很正常和平常的事，失败了再努力就好！"

"可是你也看到了，我都射了好几次了，还是经常脱靶。我觉得自己没机会超越他们了，要不咱们回家吧，我有点害怕了，再也不想玩这个游戏了！"丁丁心灰意冷地说。

妈妈问："你在害怕什么？难道你害怕失败？"丁丁点点头说："是的，我越想瞄准靶心，手就越抖动得厉害；手抖得越厉害，越是瞄不准靶心。怕什么就来什么，我越害怕射不中，结果越糟糕。"

妈妈解释说："其实，咱们以前玩过这个游戏，所以论起技巧和经验，你比其他小朋友是有优势的。你给自己的压力太大了，太想表现自己优秀的一面，不想让别的小朋友看见你射箭差的样子。妈妈想告诉你，即使你射得不好，也没有关系,也不会影响你和小伙伴们的关系。大家不会因为你的射箭水平差而对你产生厌恶,因为人都有擅长的东西,也有不擅长的方面,所以你没必要给自己这么大压力,好吗?"

听妈妈说完,丁丁重重地点了点头,长舒了一口气,继续瞄准靶心。这一次丁丁没有脱靶,而且连续五次命中靶心。

丁丁在妈妈的鼓励和支持下,获得了足够的安全感,于是最终战胜了压力,连续五次命中靶心。

成年人都无法规避失败,更何况是孩子呢?父母需要告诉孩子,失败是很正常的一件事,并不丢人,也不可怕。失败只是人生的一个阶段,而不是最终结果。在孩子遭遇失败时,父母要做好以下几件事,帮助孩子正确面对失败。

首先,父母应该多理解、肯定和鼓励孩子,让孩子有足够的信心去面对失败和困难,而不是火上浇油,说"你怎么这么笨,这么简单的事情都做不好""算了算了,实在学不会就算了吧,不要做了"这样打击孩子的话,这只会让孩子更加没有自信和耐心,变得更害怕面对失败。

其次,不要因为害怕孩子有挫败感,父母就给予孩子过多的保护。父母应该帮助孩子从失败中总结经验和教训,过多的保护反而会让孩子更惧怕失败。当孩子明白,失败只是暂时的,就会敢于面对失败,冷静地总结经验和教训,并迎来成功。

再次,父母要舍得放开孩子的手脚,给孩子创造锻炼和实践的机会。父母可以让孩子在家做些力所能及的事情,比如自己收拾书包、自己检查作业、自己洗袜子、自己收拾卧室等。不要以为让孩子少做事,就是爱孩子的表现,这种想法是大错特错的。孩子只有多经历,才能知道遇到问题的时候怎么应对。

最后,在孩子失败的时候,父母不要一味地指责孩子,因为孩子也是有自尊心的。父母的不理解和指责会让孩子认为,父母的爱是有条件的,这会让孩子的得失心更重,从而更害怕面对失败。

人生难免起起落落,失败更是在所难免,因此教会孩子如何面对失败非常重要。父母爱孩子,就要教孩子学会逆流而上!

4.2 接纳孩子的平庸

近日网友的一篇题为《作为父母,你是否接纳孩子的平庸?》的博文受到众多网友的转发和点赞,甚至多达几千网友留言评论。

博文中写道:"很多父母不愿意承认自己的孩子平庸。比如,孩子见到陌生人会有些害羞,变得不爱说话,父母不承认孩子内向腼腆的性格,反而总是批评孩子不善交际;有的孩子智商并不太高,尽管孩子将全部精力用在学习上,但是学习成绩还是处于中等水平,父母不愿意承认自己的孩子资质平庸,反而责怪孩子不够努力,过于贪玩、做题不够仔细;有的孩子天生瘦小羸弱,父母还指责孩子动不动就喊累,觉得孩子故意偷奸耍滑……"

有的网友戏称:"我的孩子刚上一年级,平时测验成绩一般在70分左右,期末考试的时候居然考了95分。放学后孩子兴高采烈地告诉爸爸,结果爸爸拉长了脸说,怎么没考100分。孩子脸上的笑容瞬间消失了,他一声不吭地跑回了自己的房间,不想跟我们说话了。"还有的网友评论:"父母资质平平,却把全部希望寄托在孩子身上,指望孩子可以鲤鱼跳龙门,彻底改变家族命运。

我只想说，这真的是白日做梦啊！"

有的网友吐槽父母不称职："孩子的第一任老师是父母，结果他们该聊天的聊天，该打游戏的打游戏，从不以身作则为孩子做好榜样。他们觉得自己把孩子吃喝拉撒照顾好了，学费和兴趣班的费用支付了就完事了。孩子成长遇到问题和他们没有任何关系，那是孩子自己的问题或者老师教得不好。"

还有网友表示，自己的小伙伴每天生活在父母的批评和指责中。渐渐地，原本活泼开朗的孩子变得沉默了，他现在不敢大声说话，不敢主动和别人聊天，见到陌生人就躲，甚至惧怕上课回答老师的提问。

不难看出，大部分父母不愿意承认自己的孩子平庸，希望孩子依靠自身的努力变得优秀。父母渴望孩子比自己强，希望孩子能够变得更好，这样的心情可以理解，但是天才寥寥无几，绝大部分孩子都是普通人。

父母应该接纳孩子的平庸，根据孩子的特点来进行培养，而不是给孩子施压，剥夺孩子的自由和快乐。这样的陪伴，才是真正有爱且高质量的陪伴。

伟伟的爸爸是军医大学的博士，妈妈是古代史硕士，祖父母和外祖父母也都是从事科教卫生的知识分子。伟伟从在妈妈肚子里开始，就接受了严格的胎教。伟伟出生时，又白又胖，足足有7斤8两。在上幼儿园之前，伟伟表现得比其他孩子要出色一些，7个月就会喊爸爸妈妈，1岁时就能够自己走路，1岁半就会自己用勺子吃饭了。一时间，伟伟成了父母的骄傲，不断地接受周围人的夸赞。然而，伟伟上学之后，就不那么优秀了。每次召开家长会的时候，伟伟的妈妈也会格外低调，她身穿一袭黑衣，生怕引人注意，甚至都不好意思抬头看老师，也不发言表态。

为了提升伟伟的学习成绩，伟伟的爸爸妈妈为他报了各种补习班，甚至周末还会安排一对一的老师到家辅导。妈妈为了激励伟伟学习，还自学小学的各门课程，亲自辅导伟伟的语文作文和阅读理解，还给伟伟买了大量试卷……

结果，一学期下来，伟伟的成绩还是全班倒数第一。不仅如此，伟伟的眼睛也近视了，身体也越来越弱，整个人看起来没有一点精神，眼神里只有空洞。妈妈这才意识到自己的教育出了问题，儿子可能确实不是学习的"料"，虽然他们夫妇是"学霸"，但是孩子就是学习不佳。

于是，伟伟的爸爸妈妈承认并接纳了伟伟的平庸，他们放下自己心中的焦虑，不再每天逼迫伟伟学习，也不再拿伟伟的学习成绩和别人家的孩子比，而是开始思考自己的儿子有什么优势。

妈妈在周末带伟伟到游乐场玩了一天，晚上摸着伟伟的头说："孩子，对不起，之前爸爸妈妈错了，不应该逼你学习，也不应该总拿你的弱项跟同学的强项比。其实，你不是'学霸'也没关系，生活还是一样要继续。你可以不当学者，你喜欢烹饪，将来成为大厨也蛮好的。孩子，学习成绩不好也没事，我们不会因此就少疼爱你一分。你懂得感恩，理解我们的辛苦，既勤奋又孝顺，这些优秀的品质都很珍贵。所以，你绝对是爸爸妈妈的骄傲。"

听完妈妈的话,伟伟如释重负,眼睛里闪烁着泪光,久违的笑容终于回来了!

孩子,对不起,之前爸爸妈妈错了。其实,你不是"学霸"也没关系,生活还是一样要继续……所以,你绝对是爸爸妈妈的骄傲。

正所谓"一枝独秀不是春,百花齐放春满园",这句话用在教育领域也很合适。学习成绩不是衡量孩子优秀与否的唯一标准。孩子即使成不了"学霸",也可以在德智体美劳各方面展现不一样的美。

当父母接纳孩子的平庸,多注意孩子的优点和长处,也许会发现另一片更适合孩子的天地。在这样的家庭环境中成长的孩子会变得乐观自信,他们的人生之路也会越走越宽!

4.3 教孩子总结经验与教训

人人都喜欢当常胜将军,不愿意承认和面对失败,孩子也不例外。孩子的思维逻辑很直接也很简单,觉得自己只要成功了,周围的人就非常高兴;自己一旦失败了,就会受到批评和指责。

孩子害怕失败与父母的教育方式密切相关。有些父母不允许孩子失败和犯错,每当孩子表现不佳时,父母就会生气地指责孩子。于是,孩子在这种环境中生活,会变得更加渴望成功,更加害怕失败。

一个五六岁的小男孩正在广场上学习轮滑。他瘦小的身躯一次次摔倒在地,又一次次爬起来练习。周围的大哥哥、大姐姐熟练地滑着轮滑,不时地为他加油鼓劲。

休息的时候,教练走过来摸着小男孩的头说:"你今天表现得很勇敢,摔倒了继续爬起来练习,你是最棒的。"

得到教练的肯定,小男孩的脸上终于露出了灿烂的笑容,眼睛一下子有了光彩,开心地回答说:"我可是男子汉哦,男子汉是不会哭的!"

这时小男孩的爸爸走过来说:"您别总夸他,有什么可值得表扬的啊!都学了大半个月了,和他一起报名的同学都已经会倒滑了,他还什么都不会呢。"

听完爸爸的话,小男孩脸上瞬间乌云密布,眼中的光彩一下子消失了。小男孩不好意思地低下了头,又一个人到角落默默练习。

父母在孩子遇到挫折和失败的时候,不要急于批评和责怪孩子,也不要一味地告诉孩子:"这次失败了没关系,说不定只是别人比你发挥得好而已。"父母应该理性地看待这件事,帮助孩子找到失败的原因,总结经验教训,让孩子有所收获。

铭铭是个聪明的孩子,不仅学习成绩优异,而且在音乐方面很有天赋,他有一副空灵的嗓音,钢琴也弹得很棒,经常在比赛中获奖。因此,每逢学校有晚会或者比赛,一定会有铭铭的身影。父母为此也十分骄傲,总是在外人面前称赞铭铭是个音乐天才。

不料,铭铭却因为这些荣誉和称赞逐渐变得自大起来:每当音乐课结束或者班级歌唱比赛结束,铭铭都会向好朋友抱怨别的同学唱歌不好听,或者跟大家炫耀自己唱歌比赛获奖的经历。慢慢地,铭铭身边的好朋友越来越少,不过他并没有把这些放在心上,反而觉得同学们是因为嫉妒才会疏远他。

三年级一开学,班主任宣布十月一日省里有国庆文艺汇演，学校一共有四个名额，其中一个名额就分配给了铭铭所在的班级。老师还说："这次汇演很重要，不仅是为学校争光的机会，而且参赛人员可以获得证书，还能得到一定的奖金。"

铭铭听到老师的话，心想：这个名额很明显是学校为我预留的，班里哪里还有比自己更有音乐天赋的同学啊？铭铭刚想到这里，班主任老师却说："这个机会很难得，为了公平起见，咱们采取投票的方式，票数多的同学可以拿到这个名额。经过所有老师商量，我们决定提名铭铭和涛涛两个同学参加竞选。大家可以想一下，然后马上进行无记名投票。"

铭铭信心满满地看了看台下的同学，心想：大家肯定会选我的，这个名额肯定是我的。结果老师唱票的时候，80%的同学把票投给了涛涛。铭铭想不明白，自己比涛涛学习钢琴的时间长，比赛和演出经验也比涛涛丰富，为什么大家还是把票投给了涛涛。

班会结束，大家都放学回家了，铭铭一个人坐在教室大声哭了起来。在省文艺汇演中，涛涛完美地完成了钢琴演奏，为班级和学校争得了荣誉。当涛涛站在讲台上领奖，被所有人礼赞时，铭铭心里难过极了。铭铭本以为这次落选后，同学们会因为同情而来安慰自己，结果同学们还是十分疏远自己。铭铭想不通：大家觉得我钢琴弹得不如涛涛，所以不选我，我也认了，为什么大家都不喜欢我呢？

放学后，铭铭一脸丧气地回了家。妈妈发现铭铭不对劲，就主动询问说："铭铭，你怎么了？"

铭铭满腹委屈地说："妈妈，我上次没参加成省里的文艺汇演，是因为同学们都不选我，为什么现在涛涛都获奖了，大家还是不喜欢我？我想不明白自己哪里不如涛涛，也不知道大家为什么都不喜欢我，为什么不选我？"

妈妈急忙安慰铭铭说："你想想同学们不选你，真的是因为你音乐方面的技艺不如涛涛吗？"铭铭不服气地说："那当然了，还能有什么别的原因吗？"

妈妈笑着说："你和涛涛在音乐方面的才华大家都是看得到的，以前同学们都支持你，现在不那么支持你了，难道大家真是觉得你的音乐才华消失了？我觉得还有一部分原因是因为你的人缘不如他。"铭铭疑惑地问妈妈："妈妈您怎么知道的呢？"

妈妈说："你上次投票落选，班主任就给我打电话了，还跟我说了你平时在学校的一些情况。你下课后总喜欢对别的同学的嗓音或者音乐课的表现进行嘲讽，不是嫌同学唱歌不好听，就是嫌别人的乐理知识不足。这个事情，是真实存在的吧？"

铭铭听完，不好意思地低下了头。

妈妈接着说："人的一生中，会经历很多次失败。你最喜欢的篮球运动员乔丹，你只知道他是NBA历史上最伟大的球员之一，却不知道他也曾有万次投球不进的经历，也曾经输过三百多场球赛，也曾经在赛点时失手导致球队失利。但是，他为什么最后还能取得这么大的成就呢？是因为他每次失败后都会总结经验，不断练习。你没机会代表学校去比赛，就把原因归咎于大家不选你，归咎于涛涛比你表现得好。这些其实都是赌气的话，你是在回避问题的真正原因。你如果不正视问题的真正原因,不去纠正错误和解决问题,你下次竞选还有可能会失败。你应该学会调整自己的心态和情绪,及时总结落选的经验。比如,你平时不应该总是嘲笑别人,三人行必有我师,每个同学都有自己的闪光点,你要多看到别人的长处,多学习他们的优点,把自己的缺点和不足改正,这样同学们会更乐于与你沟通交流。只有客观地看待自己的问题,不害怕犯错,不害怕失败,才能吸取教训,才能更接近成功。"

"吃一堑,长一智",失败的经验很重要,尝过失败的滋味,才会更珍惜机会。在追寻梦想的路程中,失败在所难免,失败的时候不应该怨天尤人,也不应该怀疑自己,也不能一味地降低标准,而是应该接受失败,敢于面对失败,学会从失败中吸取经验和养分,做到越挫越勇。

人生就好比有短板的木桶,想要装更多的水,就必须先把短板补齐。人生路上,善于总结经验和反思失败,方能拥抱更好的未来。

4.4 关注过程而非结果

世界著名走钢索表演者卡尔·华伦几乎每次表演都非常成功。但是1978年他在波多黎各首都圣胡安市中心街区表演时,却从75英尺(1英尺≈0.3米)的钢索上掉下来摔死了。

后来卡尔·华伦的夫人说出了其表演失败的原因:"由于当天的表演,有非常尊贵身份的人到场,因此卡尔·华伦十分重视这次表演。在每天的训练中,他都不断地提醒自己,只能成功,绝不能失败。登上钢索开始真正的表演时,卡尔·华伦还在念叨这些话。"

卡尔·华伦事件成了当时爆炸性新闻,也成了众多心理学家研究的对象。心理学家雷蒙·阿隆也用试验论证了这个心理学概念:在给小小的绣花针引线的时候,越是全神贯注地努力,手抖动得越厉害,线越不容易引入。阿隆简洁明了地概括为:"目的性越强,越不容易成功。"

这样的情况在平时的学习和生活中并不少见,比如在篮球比赛中,你越是想先进球,结果越难以将篮球投进篮筐;在足球场上,你越是想进球,你的脚越是不听你的命令。

目的和目标是指引我们前进的原动力。但是,如果太看重结果，我们的手脚会被压力和恐惧所羁绊，反而不容易取得成功。这个道理在育儿领域同样适用。

以结果为导向的父母，往往只关心事情的结果，等到看到事情呈现完美的结果时才会给予"你真棒、真聪明"等称赞。久而久之，孩子完成新的任务或者目标时，也更加注重追逐结果，而不在乎奋斗的过程。

相反，以过程为导向的父母则喜欢关注孩子努力完成的过程，而不在乎结果如何。比如，孩子月考成绩出来了，以结果为导向的父母会直接问："怎么样啊？这次考了多少分，考得好不好啊？在班里是什么水平啊？"而以过程为导向的父母则会这么说："你是怎么准备这次考试的？现在针对试卷上的知识点，你还有什么不明白的地方吗？"

很明显当父母过分关注结果时，孩子一旦没有达到父母的预期，就会产生挫败感和失落感。因此，在教育孩子的过程中，父母应该引导孩子多关注事情发展的过程或者努力进取的过程而非结果。

放学后，同学们都拿着试卷回家了，只有翔翔一个人呆坐在教室里，在老师的催促下，他才迈着沉重的脚步离开了教室。眼看着天色渐渐暗了下来，翔翔依然慢悠悠地走着，还不时低头踢着石子，希望时间走得慢一点，回家的路变得长一些。

回到家后，翔翔一声不吭地走进了自己的房间。妈妈看到翔翔脸色有些难看，又想到前几天考试的事情，大概猜到了原因。于是，妈妈主动询问道："考试成绩是不是出来了？"

翔翔有些哽咽，没有直接回答妈妈的问话，他从书包中拿出试卷递给了妈妈。妈妈发现试卷上的成绩只有55分，脸色不禁阴沉起来，她抬头严肃地问翔翔："这是怎么回事？为什么会考得这么差？"翔翔忍不住委屈地边哭边说："妈妈，我也不知道怎么回事，我感觉自己把该复习的知识点都复习了，可能……可能我天生就是个大笨蛋吧！"

妈妈看到翔翔难过又自卑的样子，心疼极了，不禁安慰道："这次考试已经过去了，成绩好与不好咱们先不说了，还是赶紧分析一下试卷吧！你看看自己哪些知识点掌握得不够牢固，哪些知识点没复习到，还有哪些错误是因为粗心马虎。咱俩今晚的主要任务就是总结经验，为下一次考试做好准备。"

这次考试已经过去了……
咱俩今晚的主要任务就是总结经验，为下一次考试做好准备。

于是，妈妈和翔翔一起在书房分析试卷，终于找到了问题所在。原来，翔翔复习的时候只喜欢死记硬背，不懂得变通，当老师出题换了一个说法或者角度的时候，翔翔就不知道如何解答了。列竖式计算的时候，翔翔总是忘记借位减法时十位需要减去一。找到了自己的问题，翔翔解题也有了思路和窍门，他不再死记硬背和生搬硬套，做题的效率和正确率都有了提高。

翔翔的妈妈并没有因为翔翔考试不及格便批评指责他，反而十分有耐心地帮助翔翔找到学习不好的原因。于是，这件事之后，翔翔更爱妈妈了。每天放学后，翔翔会主动与妈妈分享自己当天的收获，妈妈会针对当天的数学知识，给翔翔列好知识点，并且把易错、易混淆的应用题理解要点先讲一遍，再给翔翔有针对性出题。对于翔翔再次做错的题，妈妈会十分耐心地再讲一遍，直到翔翔眼神中不再有疑惑。针对翔翔不细心的问题，妈妈还准备了口算题卡，让翔翔每天在规定的时间内完成五十道口算题，并记录分数和做错的题。考试前翔翔除了做卷子，其余的时间就是整理和重做这些之前做错过的题。

期末考试的时候，翔翔自信地走进考场。很快期末考试的成绩出来了，翔翔考了80分！妈妈得知翔翔的数学成绩后，高兴地说："进步这么大啊，比上次考试提高了25分呢！天哪，你们班还有比你进步更大的同学吗？你真是妈妈的骄傲！"翔翔思考了一会儿说："好像还真没有进步这么大的呢？"

妈妈开心地说："那你真的很优秀啊，说明是你全班进步最大的一个。妈妈很开心也很欣慰,咱们上次做的分析没有白做,效果显著啊!这说明你最近的学习方法很好,你的努力没有白费!其实,就算你这次成绩没有多少进步,妈妈也会很开心,因为最近妈妈一直见证着你的努力。如果你这次的考试成绩没有提高,只是说明咱们还有问题没搞清楚,是在间接提醒咱们应该予以注意了。"

翔翔开心地抱住了妈妈,认真地说:"妈妈一会儿咱们还一起分析卷子吧,我保证下次会取得更好的成绩,谢谢您的理解和宽容。"

失败并不可怕,能够不断在失败后站起来,能够从失败中吸取经验和教训,就可以在失败中不断成长。有些孩子害怕失败,害怕被别人嘲笑和批评。他们宁愿保持现状,不愿冒险尝试新的事物。父母应该让孩子明白,失败是成功的必经之路。我们应该勇敢地面对失败,并从中学到宝贵的经验,这样才有机会实现自己的梦想。

想要孩子有美好的未来,父母就应该更加关注孩子成长的过程,而非结果。孩子有了精彩的过程、经历过失败的洗礼,才能吸取更多经验和养分,才能拥有更辉煌的未来。

第五章

厌学的孩子也有成才的机会

# 说教只会加重孩子的厌学情绪

很多家长在教育孩子的过程中都会遇到孩子厌学的问题。一旦遇到这样的问题,大部分父母都会采取苦口婆心地说教和讲道理的方式,这其实只会加重孩子厌学的情绪,并不能真正地帮助孩子。

父母在进行说教的时候,总会站在自己的角度来看待和思考问题:"爸爸妈妈每天工作很辛苦,回家还要照顾你,为了让你过得更好,我们再苦再累也要坚持。这样才有足够的钱来维持一家人的生活,给你交各种补习费,带你出去旅游开扩眼界。因此,你应该好好珍惜年幼的时光,好好学习来增长技能,这样将来才能在社会立足。你现在怎么能逃学呢?不学习将来怎么考大学?考不上大学怎么找工作?"

父母只是描述了自己内心的恐慌和不安,担心孩子厌学之后成绩不好,担心孩子不好好学习将来考不上大学,找不到工作,没办法谋生。父母并没有站在孩子的角度来思考问题,没有顾及和关心孩子为什么厌学。

孩子之所以说"不想上学",或许只是口头上过过瘾,发发

牢骚；或许只是老师批评他了，觉得有些委屈；或许只是跟同桌闹了点不愉快，突然觉得上学有些无聊；或许只是因为被同学嘲笑了，希望父母能关心和安慰自己……结果听完父母的说教，孩子被吓坏了，变得更焦虑，真的厌学了。

丽丽最近从公司离职了，为了全家人的生计，她立刻找了一份家电城销售的工作。丽丽的老公是一名汽车修理工，收入也不高。他们将女儿小茹视为全家的希望，希望小茹可以好好学习，考上大学，将来找一份好工作，不再像他们这样辛苦。

可是，刚刚升入初二的小茹却提出了转学的要求，还说如果不转学，就再也不去学校了。父母无奈之下只好答应了这一要求，由于公立的学校都不接收，他们只能花高价将小茹转到了私立学校。可是更换了学校，小茹还是整天抱怨："真是烦死了，每天都有写不完的作业，我感觉好累啊！我不想上学了，妈妈！"

丽丽只是笑笑，没有将女儿的抱怨放在心上，只是随口说道："再累还能有爸爸妈妈累啊？我这早出晚归一上班就站一天，嘴皮子都磨破了，水都不敢多喝两口，每天下班的时候口干舌燥，脚底板还特别疼；你的爸爸更是辛苦，每天趴在车底下修车，一天下来腰酸胳膊疼。你这每天坐在教室里，风吹不到、雨淋不到，动动脑子动动手就能搞定，够幸福的了！再说，你知道这学校多贵吗？一学期光学费就要一万元！我跟你爸不吃不喝三个月的工资呢！你说不上就不上，我们的钱不打水漂了？乖啊，小茹，学习哪有不累的，坚持一下！"

不料，这天丽丽正在上班，小茹的班主任老师突然给她打来电话说："小茹怎么两天没来上课了？是家里出什么事情了，还是孩子生病住院了？"

妈妈感觉脑袋"嗡"的一声，难以置信地说："不会吧？早晨我还送她到学校门口呢，每天放学我也都去接她，回家我还看她做作业了。她怎么可能没去上课呢？"

老师这才说："小茹厌学情绪很重，即使在学校也不听老师讲课，不是趴着睡大觉，就是跟同学传纸条，而且逃学也不是第一次了。我们一直让她叫家长，她总是说父母上班没时间，或者说你们生病了。如果小茹改不掉逃学的毛病，我们学校也不敢再收她了。建议你们利用周末的时间，多跟孩子沟通一下！"

为了教训小茹，小茹的父母周末把她一个人关在了家里。结果，小茹竟然砸碎了玻璃，一个人跳窗逃跑了。父母下班回家后看不到小茹，赶紧骑着车四处寻找，还给小茹的同学打电话，最终二人在一个网吧找到了小茹。

为了彻底解决小茹的厌学问题，父母带着小茹来到了心理咨询室。一进门，丽丽就对心理咨询师哭诉："这孩子真是无可救药了，厌学、逃学，还离家出走。我们真是管不了这孩子了！我们整天忙里忙外，这都是为了谁？你说她怎么就不能理解一下我们的苦心！"

小茹的爸爸叹了口气说："说实在的，因为孩子的教育问题，我们夫妻现在的关系也很紧张。我们聊天的话题基本都是围绕孩子，我觉得她对孩子看得太紧，而且嘴巴太絮叨了，回家就说个不停，似乎我跟孩子怎么做她都不满意，所以我们说不了几句话就开始吵架。"

心理咨询师说："那今天我做主，咱们也听听孩子是怎么想的，也听听孩子为什么不想上学、不想回家。小茹，把你的想法都说出来吧！"

小茹这才抬起头气愤地看着妈妈说："你就知道讲大道理，就知道说你们多么不容易，就知道让我好好学习。既然你们为了我这么辛苦，那我不上学总行了吧！这样你也省钱了，我心里也解脱了，不会再感觉亏欠你们了！你就知道询问我作业做完了没，考试考了多少分。妈妈一回家就盯着我，我回家后就像坐牢一样，连我用手机跟同学聊天，你也要看。爸爸一回家就知道看电视、看足球比赛，你们连基本的交流都没有。一听到我考试成绩下降了，你们俩就开始吵架，互相埋怨，然后一起对我进行说教，说什么不读书没有出路，将来一定会后悔。我受够了！起码现在逃学让我很舒服，我不想知道将来，不想再听你们的说教，这让我很痛苦，我不想成为你们的累赘、负担。"

心理咨询师解释说："你们看，说教没有起到作用，反而成为孩子成长的阻碍。没有孩子喜欢爱说教、爱唠叨的父母，虽然说教也是一种教育方式，但是正面效果不佳，反面效果却是一级棒，这种教育方式只会让孩子反感。请你们一定要记住，厌学是一种情绪的表达方式，父母需要疏导孩子的情绪，发现、了解孩子为什么会这样做，而不是一直批评孩子。"

经过四个多小时的沟通和疏解,小茹终于答应回去上学:"我可以回去好好读书,但是你们也得答应我,以后你们俩也得多关心一下彼此,少一些埋怨。当然,你俩也得多关心我,不要总是跟我讲大道理!"父母连声答应着:"好,爸爸妈妈答应你!"

父母的说教往往是重复性的语言,来来回回就是"不好好学习对不起父母""不好好学习没有未来""我们这样辛苦都是为了你"。这类话听多了,孩子就会产生逆反心理。因此,父母针对厌学的孩子一定不要讲长篇大道理,而是应该疏导孩子的情绪。

首先,对于年纪小一点的孩子,父母可以跟他在游戏中进行沟通；对于年龄大一些的孩子，可以找老师、孩子的好朋友代替父母进行沟通。记住，在平等的氛围下进行交流效果会更好，高高在上地批评和教育，只会让孩子更加反感。

其次，父母应该学会理解孩子。孩子在学习上遇到困难和挫折是很正常的，感到辛苦、烦躁、有压力也是正常的心理。千万不要孩子一对父母表达对学业和老师的不满情绪，就觉得孩子是不对的，应该针对孩子提出的问题给予理解和帮助。同时，父母也应该看到孩子的进步和努力，尤其当孩子表达了作业难、量大的情况时，父母要多肯定和夸赞孩子迎难而上的品质。

另外，父母教育孩子的时候可以选择户外，孩子在身心放松的情况下更容易跟父母敞开心扉，也更容易接纳父母的意见。父母也可以站在孩子的角度看问题，不要一味地打击孩子，可以陪孩子一起疯狂、一起质疑、一起探索、一起惊讶、一起找出答案。同时，父母也要注意和老师进行配合，多向老师询问孩子在校情况，共同督促教育孩子。

学习在于积累，父母也需要不断学习和成长。解决好孩子的厌学问题，就是为孩子插上腾空的翅膀，可以让孩子飞得更高，飞得更远！

5.2 学习偏科可能是因为偏见

劳伦斯·彼得曾经提出了一个"短板理论",即一只木桶究竟能装多少水,最终取决于木桶最短的那块木板,而不是取决于最高的那块木板。这个理论应用在孩子们的学习成绩上,可以理解为:学习不能偏科,每个学科都需要好好学习,因为考试要看综合成绩和实力,而非单门成绩和能力。

尽管家长和老师一再强调短板理论,然而很多孩子进入初中或者高中后,依然会出现偏科的现象。更可怕的是,大部分孩子觉得偏科不算什么大问题,只要努力把自己擅长的科目多考一些分数,总分数也不会差。但是,事情往往不会朝着他们希望的方向发展。

其实,孩子之所以出现偏科的现象,很可能是因为对该学科的任教老师存在误解和偏见,从而导致对这门学科产生抵触情绪。父母需要及时了解孩子不喜欢这个老师的原因,及时引导孩子把学习知识和对老师的个人喜恶分隔开。

周六上午，周先生带着自己的儿子小伟走进了心理咨询室。原来小伟最近学习态度不端正，学习也不积极，让周先生非常头疼和焦虑。

周先生一进门就向咨询师吐苦水："小伟今年12岁，上小学六年级，这孩子最近学习态度和效率都很糟糕。眼看就要升初中了，这学期每天的家庭作业并不算多，应该一个小时就能完成，结果这孩子经常写到晚上十二点了还没写完。我也不知道他究竟是不会写，还是故意在那儿磨洋工呢。我们没少跟他沟通交流，交流无果的情况下，我们也会严肃地批评教育，甚至对他进行打骂，但是效果并不好。而且，这孩子现在都和我一般高了，我再批评教训他，他不仅不听话，有时候还会反抗。昨天我打他屁股，他觉得不服气还踢了我一脚！"

咨询师问道："请问你的家庭成员现在都有谁呢？"

周先生说："我们家结构比较简单，就是一家四口，我和我老婆有一儿一女，小伟是哥哥，他还有个妹妹叫小小。我们夫妻学历都不高，就是高中毕业。我们没啥能力，自己开了个小商店勉强度日，所以就希望这俩孩子能够通过学习改变自己的命运。说实话，孩子学习出现了问题，我作为家长很着急。我希望您能帮忙弄明白他为什么厌学了，然后尝试解决这一问题，让他能够好好学习。"

咨询师看向了一旁的小伟，然后问道："小伟，是不是对爸爸的话有异议啊？你现在学习情况是什么样子呢？"小伟一脸委屈地说："爸爸说得都不对，不信你们可以去问老师。我的数学和语文成绩都很好，只是我不太喜欢学习英语罢了,所以写英语作业的时候我会有点拖沓,提不起兴致。"

咨询师又说:"你为什么喜欢学语文、数学,不喜欢学习英语呢?英语老师对你不好吗?还是觉得英语不太重要啊?"小伟低着头抠了抠手指,说:"我觉得上英语课的时候很自卑,很有压力,所以不喜欢英语课。"

咨询师追问道:"为什么呢?"

小伟说:"三年级的时候,我们增加了英语课,当时英语老师是个年轻又活泼的老师,她喜欢领着我们唱歌、表演。她这样做应该也是为了增加我们学习英语的兴趣吧,实际效果也不错,很多同学都很喜欢这个老师,也很喜欢上英语课。但是,爸爸妈妈一直说我五音不全,所以我每次上英语课就很紧张,根本不敢张口唱歌。我担心自己读音不准会引来同学们的嘲笑,所以我在课上一直不敢张口跟读。可能正是这方面的原因,我连单词的基本发音都读不准,所以在上英语课的时候我从没主动举手回答过问题,英语作业有时候也不想做,时间久了更不愿做。五年级的时候,这个英语老师生宝宝,我们换了一个新的英语老师,他比较古板,属于那种中规中矩的老师。我比较喜欢这样的老师。可是,我之前上英语课就没认真学过英语,我觉得自己是差生,因此即使面对新老师,我也很自卑,觉得新老师不会喜欢我这样的学生。所以,每次写英语作业的时候,我不是感觉头疼、头晕,就是借口上厕所或者饿了、渴了,反正该不会的还是不会。我感觉自己心情越来越压抑,成绩也跟着下降,我也不知道该怎么办。"

咨询师解释说:"我大概了解你的情况了。其实,父母不应该站在自己的角度批评孩子,这样只能让孩子觉得反感,觉得自己的情绪被父母否定。父母应该尝试先理解和接纳孩子的情绪,帮助孩子先平复情绪。小伟,你可以理解老师是为了更好地教学,才带领大家通过唱歌和表演的形式学习英语,这很好。另外,你能够在数学和语文的学习上保持努力,这也很不错。你可以试想一下,如果你唱歌好听,积极配合老师,老师会经常提问你、称赞你,你是不是不会那么自卑了?也会喜欢上英语课呢?"

小伟不好意思地点了点头说:"是的,其实我内心还是喜欢这个老师的,只是自己不爱说话,不擅长表现自己。我不应该不尝试就觉得自己不行,我或许应该试试,说不定我的英语也不错呢。"

咨询师也提出建议说:"小学的英语都不太难,父母也可以帮助孩子从头补习一下。小伟,学习知识是自己的事情,谁也替代不了,谁也不能真正帮助你记忆,最终你还是要依靠自己的努力才可以!"

偏科会打击孩子学习的主动性和自信心,甚至会导致孩子产生厌学的情绪。父母如果不及时疏导孩子的负面情绪,孩子会越学越没有信心和耐心。

父母不应该给孩子贴标签,不要觉得女孩子天生数理化就不行,男生天生语文英语就学不好。这样贴标签,无异于给孩子树立了一个较低的标准,孩子会认为反正我也学不好,达标就可以了,这会让孩子失去学习的兴趣和动力。父母也不要总是以过来人的身份对孩子进行说教,这样会引起孩子反感,阻碍孩子的进步,而应该多传递积极情绪和能量,多鼓励孩子迎接挑战。

如果孩子偏科严重,父母可以从挖掘该学科的乐趣入手。比如,孩子不喜欢学习英语,总感觉英语单词记不住、记不牢,父母可以帮助孩子做一些单词卡片,帮助孩子反复记忆。或者,父母可以借助动画、电影、故事等方式,告诉孩子学习英语并不难,选对了适合自己的方法就可以学会。这样,孩子就不会再质疑自己的能力,也不再对英语这门学科有抵触心理。

最重要的是,父母需要引导孩子放下对老师的偏见。学习是孩子自己的事情,因为讨厌某个老师便放弃某个学科,本身就是错误和不理智的行为。老师的教学方法是为了大多数同学乐于接受而准备的,不可能对班级的所有学生进行一对一教学,也不可能上课时照顾到所有学生的情绪和想法。如果孩子对老师有意见,可以下课的时候主动到办公室找老师沟通,和老师一起想办法解决。

父母还应该告诉孩子,人无完人,老师也是一样的,只要老师的人品、教学质量没有问题,如果只是过于活泼、严肃、苛刻等,这些都不是问题。父母除了耐心听孩子对老师的评价之外,还要帮助孩子了解这个老师的优点和不为人知的特点,在孩子心中树立老师美好的形象。正所谓"亲其师,信其道",只有孩子对自己的老师产生了敬佩的心理,才愿意学习老师讲授的文化知识。

孩子的成长和改变需要一个过程,父母不要因为孩子转变慢就放弃对孩子的引导和教育,要给孩子留出足够的成长空间和时间。

5.3 有创造力的"专才"孩子也有春天

北宋文学家欧阳修写过一篇名为《卖油翁》的寓言故事，故事讲述的是康肃公陈尧咨以射箭闻名于世。一次，陈尧咨在自己家花园练习射箭，恰好一位卖油的老翁经过，一直盯着陈尧咨，久久不肯离开。看着陈尧咨十发九中，老翁也只是略微点了一下头。

陈尧咨觉得奇怪，忍不住问道："您也懂得射箭之术吗？还是觉得我的射箭技术不够完美？"老翁点点头说："确实没有什么值得称道的地方，只不过是因为你经常练习，射箭的手法熟练而已。"

陈尧咨很是生气："你真是无理，怎么敢如此轻视我的射箭技艺？"老翁说："这与我平时倒油也是一样的道理，所以我才这么说。"

说罢老翁拿起一个葫芦轻轻放到地上，并在葫芦口的地方放置了一枚铜钱，然后用勺子顺着铜钱的方孔往葫芦里灌入香油。葫芦里的油灌满了，但是铜钱没有沾染上一滴香油。

老翁淡然地说:"我这灌油技术也没什么奥秘,不过是灌得次数多,手法熟练而已。"

陈尧咨这才领悟了熟能生巧的真谛,尴尬地笑着将老翁送走了。

格拉德威尔在《异类》一书中写道:"人们眼中的天才之所以卓越非凡,并非天资超人一等,而是付出了持续不断的努力。一万小时的锤炼是任何人从平凡变成世界级大师的必要条件。"老翁和陈尧咨可以说都是自己所在领域"一万小时定律"的实践者。

"一万小时定律"也可以应用于教育领域。父母发现孩子的兴趣和特长后,可以主动予以培养和引导,践行"一万小时定律",发挥孩子的创造力,帮助孩子抵达成功的彼岸。

由于平平的父母都是音乐教师,他从小就对音乐产生了浓厚的兴趣。别的小朋友还在迷恋各种玩具的时候,年仅三岁的平平便在父母的带领下学习钢琴了。

平平四岁的时候,爸爸带他拜访了当地音乐学院的教授。当平平弹奏起《土耳其进行曲》时,教授被平平的音乐表现力惊掉了下巴,他激动地说:"这么小的孩子,脚才刚刚能够到踏板,但是无论是节奏,还是艺术表现力都太棒了。这孩子天生就是个钢琴家,我一定要好好教他。"

平平是个有自制力的孩子,他每天都会给自己定下目标和练习时长。每次上完课,他也会默默记下比自己弹得好的同学的名字，争取下次上课的时候超过他。在不断地练习和努力之下，平平超越了班级里的所有学生，他的自信心也逐渐增强。

父亲帮六岁的平平制订了学习计划："早晨五点起床，练一个半小时钢琴，六点半吃饭洗漱，早晨七点准时出发上学。中午十二点回家，十五分钟吃饭，休息十五分钟，练琴半小时。下午四点放学，练琴两个小时，然后做作业，复习、预习功课。周末和节假日每天练习钢琴的时间不低于八小时。"爸爸花费大半年的积蓄给平平买了一架名牌钢琴，还专门腾出一个房间，供平平练琴和学习使用。

为了能让平平的钢琴技艺有所进步，爸爸辞去了公务员的工作，带着平平到北京求学，专职照顾和陪伴他在北京学习和练习钢琴。但是，来到人才济济的北京，平平一下子变得不那么突出了。钢琴老师和周围的同学也都不看好平平，甚至有的同学还讥笑平平，这导致平平一下子对钢琴失去了兴趣，一连好几天都不愿意触摸琴键。

平平的爸爸此时的内心是崩溃的，但是他只是默默陪伴平平，不断鼓励平平："既然你现在累了不想弹琴，那么咱们就痛痛快快休息一阵子。你可以看电视，也可以让爸爸带你在北京玩。"平平这几天玩遍了北京城，动画片也看了个够。

当平平看到《猫和老鼠》中汤姆猫灵活地演奏着钢琴时，他的音乐梦再次被点燃了。平平重新回到钢琴前，模仿着猫的手型，赶超着汤姆追逐杰瑞的节奏。此时不停敲击钢琴键的他觉得自己不像在进行音乐创作，更像是在讲述自己的故事。平平似乎一下子找到了演奏钢琴的真谛，他告诉教授："我觉得演奏音乐，琴谱上的音符是死的，但是转化成优美的旋律需要我们进行丰富的想象和再创造，尤其需要把音乐中的情感诠释出来。不同的演奏者对琴谱有不同的理解，就会演奏出具有不同表现力的音乐作品。因此，虽然熟能生巧，但是学习钢琴最重要的还是表现力。"就这样，十一岁的平平正式拜师中央音乐学院的教授学习钢琴。

父亲对平平的要求一丝也不敢放松，每天除了让平平不停地练习钢琴，还会监督平平学习英语。其他孩子踢足球、看电视、打游戏的时候，平平在琴房一遍又一遍地练习钢琴，但是平平乐在其中。

平平的努力没有白费，他十几岁便可以熟练地演奏高难度的《第一钢琴协奏曲》，也能轻松演奏《第三钢琴协奏曲》。十五年后，平平成为该音乐学院最年轻的教授，并屡屡在国际钢琴演奏大赛中斩获金奖。

第五章　厌学的孩子也有成才的机会

兴趣是最好的老师，孩子在做自己感兴趣的事情时，总有源源不断的动力。父母可以仔细观察孩子在最无聊的时候喜欢干什么，观察孩子会不厌其烦地做什么，这应该就是孩子喜欢做的事。同时，父母也应该多和孩子进行沟通，尤其需要站在平等的角度进行沟通，而不是命令孩子学习什么。父母可以多问问孩子喜欢什么，孩子天真无邪的回答中，可能就藏着自己的兴趣爱好。

如果孩子的兴趣爱好并不明显，父母也可以多加引导和培养，这样孩子的生活会变得更加多彩，人生也有了更多的选择。如果孩子的选择和父母期望有所差距，父母也应该尊重孩子的选择，并鼓励孩子坚持把喜欢的事情做下去，使孩子的创造力和想象力得以充分发挥。

孩子有某方面的天赋，也需要后天继续努力。努力的过程肯定充满艰辛，父母要不断鼓励和督促孩子。比如，父母可以帮孩子制订学习计划，也可以多鼓励夸奖孩子的进步，尤其是孩子被别人误会、嘲笑、遇到失败的时候，父母更应该多予以关心和关注，及时疏导孩子的不良情绪，帮助孩子重拾自信。

父母也可以多带孩子看相关专业的展会、演出、比赛等，开拓孩子的视野，让孩子了解该行业未来发展方向。当然，学习计划之外的安排，父母可以尽量让孩子自己安排，不要以父母的身份进行管束或者压迫，给予孩子自由选择的权利。

父母还应该帮助孩子选择好的平台和老师加以辅助。只有良好天赋加上专业的教育指导，再搭配科学的教育方法和勤加练习，孩子才有机会获得成功。

孩子的学习成绩不佳也没关系，对孩子的兴趣爱好加以培养和引导，孩子也有机会成才！

5.4 学历重要，能力更重要

著名作家、导演、赛车手韩寒对自己高中一年级就退学的举动非常后悔："退学本身是一件失败的事情，因为没能战胜挑战，只能从挑战里退出来，这种行为不值得学习。如果我能继续读书，也许现在的我会更优秀！"

《非你莫属》这档节目曾在荧屏火爆一时，应聘者小何自我介绍时说："我是个普通的专科院校毕业的学生，我到今天为止已经参加过近两百场招聘会，每次参加招聘会我只要看到符合条件的岗位我就投递简历，差不多每场招聘会可以投递出去一百多份简历。但是，投递完简历我很少能够收到面试通知。我今天来这个节目的目的很简单，就是想找到一份适合自己的工作，就算找不到我也希望大家能够给我指点迷津，告诉我为什么我的简历投出去就石沉大海。"

此时一个传媒公司的经理举手示意说："我先来解答你的疑惑吧。每次公司招聘都会收到几千份甚至可能更多的简历，人事部门首先会对简历进行筛选，目的是在最短的时间筛选出最优秀最适合的人才。所以初选的时候，本科、专科、硕士这些简历都会分开，专科的简历我们就直接忽略掉，只带走本科及本科以上的简历。很多时候，专科生的简历可能直接就进了垃圾桶，而且据我所知，大部分企业初选都是这样的模式。"听到这儿，小何按捺不住心中的委屈质问道："这不是赤裸裸的就业歧视吗？本科就有机会面试，我们专科连被你们看一眼简历的机会都没有？"

保险公司的人力专员解释道："其实道理很简单，国家队选拔运动员，会直接到省体育队挑选，但是没听说过国家队到村里寻找这个村跑得最快的人。学历表面上看只是一个证书，一张纸，但是它代表着你的学习经历，代表了你是拥有和享受过良好教育资源的人。这也是我们企业优中选优，最直接、最高效、最大程度上避免漏选人才的方式。"

主持人鼓励小何说："经过今天的节目，我想你也感受到了学历的重要性。学历很多时候就像一张无形的通行证，是我们通往不同目的地的通行证。对于普通家庭的孩子来说，学历更加重要，因为没学历连考公务员、考教师资格证的机会都没有。当然，我也希望你通过今天的节目，可以让更多的企业认识你，也希望你能够积累更多的工作经验和技能，让自己成为一个更加优秀的人才。因为学历重要，个人能力更重要！"

钱锺书先生曾在《围城》一书中写道："这一张文凭，仿佛有亚当、夏娃下身那片树叶的功用，可以遮羞包丑；小小一方纸能把一个人的空疏、寡陋、愚笨都掩盖起来。自己没有文凭，好像精神上赤条条的，没有包裹。"或许这个比喻有些夸张，但是取得一张文凭还是非常重要的。

当然，面对竞争如此激烈的人才市场，仅有一张拿得出手的文凭是不够的，人们还需要具备良好的个人能力。

小辉就要文理分科了，父母对比十分重视，甚至拿出小辉近一年的各科成绩进行综合分析。小辉反倒一脸轻松，甚至放言："随便吧，我觉得文科、理科都行，我就想跟好朋友继续在一个班。而且，我只要能考上一个大学，人生目标也就达成了，四年之后大学毕业，想找个稳稳当当的工作也不难吧。"

一天周末，小辉的爸爸带着小辉到自己经营的广告公司参观。他还特意让小辉观察公司里的两名员工：一名员工年轻有为，能够轻松应对各种突发事件，对于员工遇到的问题，也能轻松解答，员工们对他非常敬佩；另外一名员工也是年纪轻轻，但是显得有些笨手笨脚，不是弄丢了文件，就是记错了会议时间，经常被突如其来的质问电话搞得手足无措。

回家后，小辉主动向爸爸询问这两名员工的情况："爸爸，你让我观察的这两名员工差别很大，他们在公司是什么职位啊？"

爸爸笑着说："你看到的那名很能干的员工，是我们销售部的部门经理，姓杨。他能够及时发现问题，并找到开发新客户的渠道，是公司的顶梁柱。另一名手忙脚乱的员工已

经入职一年多了,姓皮。他在工作中总是拖拉懒散,迟到早退也是常事,尤其不思上进,总是在细节上出错。"

小辉说:"那个经理一定是本科毕业吧,那个爱出错的员工估计是专科毕业吧?"

爸爸摆摆手说:"恰恰相反,杨经理是大专毕业,爱出错的那个员工倒是本科毕业生。"小辉一脸狐疑地说:"不会吧?"

爸爸笑着说:"你是不是觉得有点意外?其实,当时面试和录用杨经理的时候,我们犹豫了很久,因为他的学历真的并不出彩,而且没有相关的工作经验。但是,他的学习能力真的很强悍,从入职开始,我就见证了他的努力和成长。他不仅工作认真,也从未停止过学习,晚上下班还参加了夜校,报考了广告学的成人本科。由于咱们公司经常要跟外国人打交道,他还自学了英语和销售学。在工作的过程中,他还经常向老员工请教,只要有时间就和同事们讨论。于是,不到两年的时间,他就升到了经理这个职位。小皮入职时我对他寄予厚望,但是他入职后的表现令我很失望,他的执行力和行动力比杨经理差很多,他总觉得自己大学毕业的学校是一流大学就高人一等,在工作中遇到问题不虚心请教,也不愿意学习新的知识。客户是需要不断开发的,坐享其成怎么可以?现在小皮在公司的工作越来越吃力,我们也正在考虑还要不要继续留用他。"

听完爸爸的话,小辉有所感悟……

文凭的确决定不了一个人的一生，但是它是通往梦想之地的敲门砖。敲开理想之门后，孩子们接下来还要比拼学习能力、人际交往能力、思辨能力、表达能力等综合实力。拿着高等学历的文凭，在面试的时候却紧张到一问三不知，更没有工作经历和经验可言，这样很难在求职面试中脱颖而出。

学历是一眼可见的，能力是隐性的，学历重要，不断提升自己的能力更重要！

第六章

成为孩子情绪里的那根"救命稻草"

为孩子制造安全的情绪出口

很多时候人们由于各种压力，习惯把真实的自己隐藏起来，用满满的正能量把自己包裹起来。但是，当进入他认为安全的环境，和他信赖的人相处时，那个真实的、脆弱的、消极的、困惑的自我才真正显现出来。

安全感简单来说就是一种亲近的情感链接，一种不需要设置保护的依赖感和信赖感。安全感从孩子一出生就有了，是孩子健康成长的关键，也是孩子心理健全的基础。有安全感的孩子，会把父母当成最亲近的人，会主动倾诉苦闷，会主动分享喜悦，会把家当成自己最放松的地方，他们知道父母可以理解自己，也能够帮助自己分析问题、解决问题。反之，当孩子出现问题的时候，父母如果不及时发现并跟孩子沟通，而是简单粗暴地辱骂或者制止，会导致孩子失去安全感，把孩子推向痛苦的深渊。把孩子变成自己负面情绪的发泄口，不仅不能起到教育和帮助孩子的效果，还会加剧亲子间的矛盾，使得亲子间的沟通变得更加困难。

"十一月中旬你们要期中考试了,所以妈妈决定这个周末提前给你庆祝生日,还请了妈妈几个闺蜜前来参加,她们都是看着你长大的。"妈妈送婷婷上学的时候把这个好消息告诉了她。不料,婷婷没有露出一丝笑容,只是冷冷地回应说:"无所谓,你决定就好!"

周五晚上妈妈到辅导班接婷婷放学,眼看马上八点了,妈妈提出到餐厅吃点东西,顺道到超市买一些明天过生日的食材。

妈妈一边点餐一边询问婷婷:"今天过得怎么样啊?"婷婷没什么精神,极其敷衍地回答:"没什么特别的,跟平常一样。"

这时妈妈的闺蜜玛丽阿姨走了过来,笑着说道:"嗨,这么巧,你们也来这里吃饭啊!我还想明天到你家给婷婷准备什么礼物合适呢,这下方便了,我直接问婷婷好了。婷婷,你想要什么礼物啊,阿姨给你买!"

婷婷低着头只顾着看手机,随便回答了一句:"不用了阿姨,谢谢!"妈妈在一旁打圆场说:"买什么礼物啊,一起吃个饭高兴高兴、热闹热闹就行!"

玛丽阿姨热情不减地说:"那既然这样,我不如买个蛋糕吧,过生日可少不了蛋糕!婷婷,你喜欢什么样的蛋糕?"婷婷这才提起了一点兴趣,想了一会儿回答说:"想要那种带羽毛的,童话公主那样的蛋糕!"

玛丽阿姨和婷婷随即一起翻起了蛋糕店里的图片,但是始终没找到婷婷喜欢的款式。婷婷的情绪一下子变得非常低落,趴在桌子上一声不吭。

妈妈见状,急忙说:"没事,没事,都是她想象的,反正蛋糕味道都差不多的，无论什么样子，早晚还不是进了肚皮。你随便帮她选一个好了！"

婷婷一听妈妈的话，突然站起身说："阿姨，不用帮我选了，这个生日我不过了。"妈妈一听就急了，拍着桌子说："你这孩子，怎么这么没礼貌，这么不知道好歹呢？"

婷婷也急了，起身就要走："你们慢慢吃吧，我吃不下了，我要回家写作业了！"

妈妈更生气了，拉着婷婷坐下。玛丽阿姨劝道："淡定，淡定，有什么事情回家再说，别在这里吵！把饭打包，你们俩先回家吧！"

妈妈强压着心中的怒火将婷婷带回了家。刚进家门，妈妈便将婷婷的所作所为讲给婷婷的爸爸听，接着两人轮番对婷婷进行教育。在父母的说教声中，婷婷放声大哭起来："你们就知道说我，就知道抓住我的错误不放。你们有没有发现我最近很不开心，有没有主动关心过我？"

爸爸和妈妈这才意识到问题的严重性，妈妈更是赶紧把婷婷搂在了怀里安抚道："怎么了，孩子，遇到什么难事了吗？是爸爸妈妈失职，可以告诉我们究竟发生了什么吗？"

婷婷抽噎着说："马上期中考试了，我感觉压力大到喘不过气来。我周围的同学做题又快又好，我却感觉每道题都好难，尤其是立体几何，我感觉自己完全没有空间的概念。代数也经常出错，连以前擅长的英语和语文也受到了影响。班主任说我数理化严重偏科，担心让我继续担任英语和语文的课代表会分心，会更加不喜欢学数理化，就不再让我继续担任这个职务了。我可能是有点不服气，可能是有点逆反，总之我现在对语文和英语也提不起兴趣了。马上就考试了，我真的不知道自己应该怎么办，不知道应该怎么入手开始复习。爸爸妈妈，我不是故意找茬儿，我心里真的好乱。"

妈妈看着哭得如此伤心的婷婷，自责地说："对不起宝贝，妈妈虽然看出来你最近不开心，但是没有主动帮你分担和排解这些压力和困难，是妈妈的失职。明天咱们一起到游乐场痛痛快快玩一场，好好放松一下。然后，跟数学老师沟通一下，让他找出你的薄弱地方，你再努力学一遍，并多做这方面的题，一定可以熬过去的！不要灰心，你又不比别人笨，找到诀窍肯定可以学会！"

当孩子产生了负面的情绪，就好比清水中被注入了染料，即使只有小小的一滴，也能够立刻把整杯水变得浑浊不清。很多孩子并不懂如何发泄自己的负面情绪，甚至有时候会采取极端的方式来进行发泄，这对孩子的成长是十分不利的。比如，有的孩子在学校跟同学发生口角，被老师批评之后，回到家愤怒的情绪依然存在，他不敢跟父母倾诉，于是就通过不停地撞墙的方式来发泄情绪。

实际上，孩子的成长过程中情绪管理是非常重要的一项任务，不仅要学会控制自己的情绪，还要学会安全地发泄自己的不良情绪。如果这个任务没有完成好，孩子选择了不恰当的宣泄方式，反而更容易产生郁闷、愤怒、沮丧等不良情绪，同时还可能导致学业困难、社交障碍、精神萎靡、抑郁等一系列心理问题。

父母想要帮助孩子找到安全发泄情绪的方式，需要先帮孩子学会控制自己的情绪，然后分析为什么会产生这样的情绪，以及如何表达和处理这种情绪。在教育孩子的过程中忌讳冲动，因为

孩子在父母的冷言冷语中，只能感受到被父母抛弃，感受到绝望、害怕和恐惧。

首先，父母应该认可孩子的情绪，允许孩子有负面情绪，并给予精神上的理解和支持。人有负面情绪是很正常的事情，父母不应该看到孩子一产生消极情绪就压制、打击、否定和讽刺，千万不要张嘴闭嘴就是："这有什么可哭的？""这点儿小事也值得你生气？""你没理由感到难过和绝望吧？"

父母应该帮助孩子认识自己的情绪，应该给孩子一个倾诉和表达的机会，引导孩子把自己的感受说出来，并且引导孩子正确发泄自己的不良情绪。

其次，父母应该给孩子做好榜样，管理和控制好自己的情绪。孩子调皮捣蛋是天性使然，身为父母要学会耐心并冷静地应对孩子的问题，不让自己的冲动占了上风，可以深呼吸让自己尽快冷静下来。

父母不要总是拿自己的威严来吓唬孩子，不要将"你再这样，妈妈就生气了""妈妈不喜欢你这样做""你再这么不听话，我就不要你了"这类话挂在嘴边，而是应该告诉孩子这样的行为会产生怎样的后果，让孩子对自己的行为负责，而不是对爸爸妈妈的情绪负责。

最后，父母应该教会孩子选择适当的、安全的方法来宣泄负面情绪。当孩子情绪波动比较大的时候，父母可以让孩子先自己在房间待一会儿，不要干涉和打扰孩子。还可以鼓励孩子采用绘画、写日记、找人倾诉的方式，疏解心中的不愉快。

父母引导孩子采取安全的方式宣泄情绪，不仅可以帮孩子排解心中的不愉快，也能够防止孩子因为发火伤及周围的人。

6.2 增加积极情绪体验

在电影《哈利·波特与阿兹卡班的囚徒》里,卢平教授在一堂黑暗魔法防御课上讲解了滑稽咒语,试图帮助大家战胜自己内心的恐惧和不安。比如,罗恩害怕蜘蛛,卢平教授就让他把巨型蜘蛛想象成每只脚都穿着溜冰鞋的可爱模样;再比如,纳威最害怕的是整天表情严肃又冷漠的斯内普教授,卢平教授则鼓励纳威把斯内普教授想象成身穿贵妇装的样子。实际上,卢平教授是希望用幽默和搞笑的方式,让孩子们从积极的情绪角度来战胜心中的恐惧。

积极的情绪体验,通俗一点说便是快乐和正能量的情绪,与之相对的是消极情绪体验。积极情绪体验和消极情绪体验是此消彼长的关系。在成年人的情绪世界,喜怒哀乐是最基本的情绪体验,而孩子的情绪一般从脱离母体开始就具备了。

有些孩子对外界的一切总是抱着防备、冷漠、毫无兴趣的样子,这可能是因为在幼儿时期就缺乏积极的情绪体验。这种消极的情绪体验越多,孩子的智力发展和心理健康发展越受影响。

反之,那些脸上总是挂着笑容的孩子,很明显处于积极情绪体验之中。他们为人处世大方有度，敢于挑战和主动探索，乐于接受新鲜事物，身心都处于健康的状态。

奥奥是小学二年级的学生，作为家里的独苗，他一出生就受尽了宠爱。家人对奥奥寄予厚望，奥奥的妈妈总把称赞的话挂在嘴边："奥奥，你可是妈妈的心肝宝贝，你是妈妈永远的骄傲。"但是不知道什么原因，刚上二年级的奥奥学习成绩开始下滑。几次考试下来，奥奥都只考了60多分。妈妈看到这样的情况，真是心急如焚。

一次，奥奥的妈妈跟班主任老师交谈，老师说："奥奥这孩子头脑其实很聪明，就是平时上课表现不太积极，可能是缺乏学习动力，找不到学习兴趣。您可以多创造机会让孩子体验学习的成就感。当孩子体验过学习的成就感带来的快乐，他就会对学习产生兴趣了。"

于是，妈妈听从了老师的建议，决定通过示弱的方式，让奥奥体验成功的喜悦。一天，奥奥放学回家，发现妈妈拿着自己月考的卷子不停地叹气。奥奥见状，不解地问妈妈："妈妈，您怎么了？"

妈妈说："我看到了你上周的数学试卷，便想我如果也参加这次考试能考多少分，结果我发现自己有好几道题不会做呢？"奥奥说："哪道题呢？妈妈，我看看，或许我可以帮您解答！"

妈妈指了指其中一道算术题说："$17-8\times2=$ ，我的答案是18，可是答案显示却是错的，我也想不清楚哪里有问题。"

奥奥笑了笑说："看来妈妈也有犯糊涂的时候啊！妈妈，

您忘了吗，这道题考试的时候我也算错了呢！这道题应该先算乘法，再算减法。咱俩之所以做错，是因为咱们按照从左往右的顺序计算了，实际上这样算是不对的。我现在都记住了，有乘除法的时候，应该先计算乘除法，再计算加减法。当然，也有一种情况比较特殊，就是如果加减法有小括号的时候，那就必须先算加减法了！"

妈妈装出一副恍然大悟的样子，竖起大拇指说："我的奥奥可以当我的数学小老师了呢！比妈妈还聪明，老师讲一次就记住了，看来以后妈妈要向你多学习、多请教了呢！你可别嫌妈妈笨啊！"

奥奥开心地点点头说："妈妈，我突然发现学习数学还是很有趣的，尤其是给您讲了一遍之后，我感觉自己对这些知识掌握得更牢固了。我突然感觉有了那么点信心了，以前在学校我都不敢举手回答问题，我怕答错。我觉得从今天起，我应该多试试，其实我也没自己想得那么笨啊！"

很多父母以为让孩子多听听自己的缺点，能防止孩子过分骄傲或者让孩子知耻而后勇，从而不断发愤图强。殊不知，这样的消极心理体验或许能在短时间内产生积极效果，但是过多的批评，只会让孩子变得越来越缺乏自信。

这就好比一个屡遭失败的孩子，父母不仅不安慰他，还总是批评、埋怨，甚至打骂他。于是，他觉得自己在父母眼里，是不争气的孩子、笨孩子、坏孩子。这种经历让他没了自信，失了斗志，产生一种习得性放弃行为，再无勇气面对挫折。

为了避免这种情况，父母应该多创造机会让孩子体验成功，增加积极情绪体验，激发孩子尝试的欲望和勇气，从而帮助孩子找回自信。

首先，父母应该给孩子创造一个较为自由、宽松、温馨的家庭氛围，保持积极向上的生活态度。父母拥有积极向上的生活状态，孩子受父母的影响，也会比较开朗乐观。反之，如果家庭氛围比较沉闷消极，孩子也势必变得沉默寡言。父母要尽量营造温馨的家庭氛围，要多对孩子说一些鼓励和表扬的话，尤其要对孩子的进步和闪光点进行表扬。另外，父母不要总是捧着手机或者盯着电视，也要抽时间陪孩子聊天或者做游戏，这样可以让孩子感受到家庭的温暖。

其次，可以把孩子成长经历记录下来，让孩子发现自己的进步。孩子的成长不是一蹴而就的，它需要一个长期的过程，也必然会经历很多失败。如果孩子遭遇挫折，消极情绪没有得到及时处理，就会变得自卑和自我怀疑，甚至影响以后的行为。父母的鼓励如果只是停留在给孩子加油鼓劲，那么也很难产生良好的效果。这时，父母不如协助孩子，让孩子感受成功的体验，并将这件事情记录下来。当孩子看到自己的成长记录，回忆自己的成功经历时，孩子就会慢慢找回自信。

再次，父母可以鼓励孩子多做决定。比如，今天吃什么、穿哪件衣服，周末是去游乐场玩还是去博物馆看展览，春游的时候需要准备什么东西等，都可以让孩子自己决定。多让孩子自己做决定，孩子便能体验自主的快乐和独立的荣耀感。

最后，父母应该学会帮助孩子评估自己的特点。比如，有的孩子不擅长音乐，因此不喜欢学钢琴，但是孩子活泼好动，可以跟孩子沟通后让其学习跆拳道。又比如，孩子做作业磨蹭，父母可以规定一个时间段让孩子进行学习，完成任务后剩下的时间让孩子自己支配，这样孩子为了完成作业后可以尽情玩耍，做作业的积极性也就提高了。

当遇到困难、遭遇挫折时，孩子一般都会表现出消极和不安的情绪。父母如果在这时能够给予孩子正确的指导，增加孩子积极情绪体验，孩子便会换个角度看世界，更加积极地想办法去战胜困难。

6.3 帮助孩子学会控制情绪

"我家孩子现在一听要去幼儿园就哭……"

"昨晚给儿子听写生字,他有很多不会写,于是我罚他一个字抄写十遍。今天我想再次检查他的生字掌握情况,结果他居然说不用了,还是罚他再抄写十遍吧。他这才多大啊,居然这么叛逆!"

"我女儿遇到一点儿困难,就打退堂鼓,不肯想办法解决,作为妈妈我真是既无奈又着急。"

"不知道大家有没有同感,辅导孩子写作业总会变得暴躁,他累,我更累。"

"孩子一出问题,我就会忍不住发火,之后又会懊恼。但是,过不了多久,我又会跟孩子生气着急。我感觉这就是恶性循环,但是自己根本无力解决。"

这是家长们吐槽孩子的话,言语间不难发现父母们育儿方面的焦虑。孩子们又是如何看待家长呢?我们来听听孩子们的心声吧。

"我都上五年级了,我清楚地记得父母只夸奖过我两次。我不喜欢学习,说实话我觉得干什么都挺无聊的。"

我都上五年级了,我清楚地记得父母只夸奖过我两次……

"我感觉自己很孤单,班里没有一个小朋友跟我玩,我闲着没事的时候就咬笔头、抠橡皮,这样我才觉得安全。大家都不喜欢我,有时候同学没带铅笔,我主动借给他们,他们都拒绝我,我真的很难过。"

"人生不如意事十之八九",成年人需要面对来自工作、家庭、生活的压力,孩子也同样承受着各种压力。很多父母习惯于满足孩子吃穿用度方面的需求,却很少关注自己的情绪和孩子的情绪,尤其很少关注控制和管理情绪方面的问题。

成年人尚且不能很好地控制自己的情绪,更何况是孩子呢?因此,父母除了身体力行营造和谐的家庭氛围,为孩子控制情绪打下坚实的基础,还需要帮助孩子管理和控制情绪。

浩浩的爸爸小崔是一家文化传媒公司的主管,手下管着几十名员工。浩浩的学习成绩优异,但是脾气暴躁,经常与同学发生矛盾,有时甚至与同学大打出手。因此,浩浩在学校里几乎没有朋友。

一次,老师想要同学们自由结组练习英语口语。几分钟后,两个同学跑到老师面前告状:"老师,浩浩打我!"浩浩竭力否认,说自己只是跟他们闹着玩而已。

事后,英语老师从班主任那里了解到,原来浩浩的父亲是企业主管,好胜心很强,因此对浩浩要求很严格。浩浩做得让爸爸稍不满意,爸爸就会对他拳脚相加。在爸爸面前,浩浩也表现得极其恭顺。

浩浩告诉老师:"其实我很怕爸爸,我感觉家里恐怖极了。我不知道跟同学有了矛盾之后应该怎么处理,也不知道自己不开心的时候应该怎么表达,我就知道爸爸不高兴的时候就是打我、骂我。"

由于浩浩年纪小,理解和鉴别能力有限,并不知道自己所谓的痛苦感受就是不良情绪所致,而父亲的言行举止恰好成了浩浩模仿的对象,他以为自己和同学出现了矛盾,就应该用暴力来表达自己的愤怒。殊不知,这样的方法并不能很好地表达情绪、控制情绪、管理情绪。

因此,父母应该保持稳定平和的情绪,并给孩子传达一个概念:你可以管理和控制好自己的情绪。当父母不断强化这个概念时,孩子也会接纳自己掌控情绪这一事实,最终实现管理情绪的可能性。当然,这一过程需要父母不断引导,需要父母帮助孩子识别各种情绪,并鼓励孩子进行情绪管理。

父母可以从以下几方面帮助孩子管理和控制情绪。

首先,父母与孩子应多沟通。通过亲子对话帮孩子有效识别情绪的种类,引导孩子讲出自己的心情和感受。妈妈可以在自己心情不好的时候,趁机告诉孩子:"妈妈今天工作好忙,心情感觉有点低落。""妈妈今天工作表现不佳被领导批评了,妈妈现在好难过。""看着你不开心,妈妈也感觉有点难受。"尝试告诉孩子产生不良情绪的原因,然后将自己的感受表达出来,对孩子及时发现、识别自己的情绪敏感度是有帮助的。

其次,鼓励孩子积极面对失败和挫折。对于孩子能够独自完成的事情,父母尽量放手让孩子自己做,从而培养孩子的动手能力。孩子遇到困难时,父母也要给予鼓励和指导,让孩子明白如何去克服困难并摆脱困境。孩子遭遇失败时,父母要鼓励孩子总结经验教训,勇敢承担失败带来的不利后果,这样孩子会慢慢成为有能力、有担当的人。

最后,父母要多陪孩子进行亲子阅读。父母可以多陪孩子一起读一些绘本故事,在故事中帮助孩子了解情绪,了解如何处理生气、难受、恐惧、忧伤等情绪。父母还可以和孩子进行角色扮演,在互动中更加深入地了解如何管控自己的情绪。

总之,父母在教育孩子的过程中要保持冷静,要保持平和的情绪,才能冷静地应对孩子的问题,帮助孩子做好情绪管理并学会控制情绪。

6.4 鼓励孩子学会向人倾诉

很多时候,父母并不擅长跟孩子沟通,父母经常喜欢带着"功利心"来进行提问,比如:"今天的作业做完了吗?""舞蹈练习了吗?""今天考试考得怎么样?"再加上传统文化的影响,很多父母不习惯向亲近的人倾诉自己的苦恼,不愿意把自己的消极情绪展现在亲近的人面前,因此他们从不会把自己脆弱的一面在孩子面前显露出来。而且,即使已为人父母,他们也不了解倾诉的重要性。然而,孩子不找父母倾诉心声,并不代表孩子没有烦恼,也不代表孩子没有遇到挫折。孩子可能只是不知道如何倾诉,不知道找谁倾诉而已。

孩子一脸沮丧、垂头丧气的时候,往往就是情绪不佳的时候。尽管很多父母会意识到孩子遇到了麻烦,但是往往也只是提醒孩子"没关系""你要想开一些,要学会坚强和坚持""没什么大不了的,你也没必要这么难过,过几天就没事了"。这些安慰的话,从孩子的角度理解,意思就是不应该不高兴,你不应该苦恼,因为这些事情没什么大不了,不值得你这样难过。这无异于告诉孩子要看淡这些挫折、困难,学会隐藏自己的痛苦情绪,不要乱发脾气，不要不听话。

于是，孩子的消极情绪会越积越多，找不到发泄的地方，找不到可以倾诉的人，他们会变得更加狂躁不安，难以控制自己的情绪，最终变成一个易怒的人。

一天放学后，磊磊嘟着小嘴，一脸怨气地踢开了家门。妈妈见状赶紧关心地询问："你怎么了，小磊，怎么一脸的不高兴？"

磊磊生气地说："妈妈，您都不知道，今天下午上体育课的时候，老师当着全班同学的面狠狠地训斥了我一顿。我感觉好丢脸，我现在讨厌死这个老师了，我以后再也不想上体育课了！"

妈妈听完，赶紧搂住磊磊安慰道："那你好好回想一下，你肯定是做错了什么事，老师才会当众批评你啊！"

磊磊理直气壮地说："可是我不觉得自己做错了啊！今天下午我们学习排球里的垫球动作，他老嫌弃我的姿势不对，可我也不知道怎么做才是标准姿势啊！"

妈妈有些生气地说："你这孩子真是不懂事，老师说你错了就是错了，老师说什么你就应该做什么。你为什么总觉得是老师的错，还一直埋怨老师批评你呢？"

磊磊听完妈妈的话，气得直跺脚，随即狠狠地关上了自己卧室的房门。妈妈无奈地叹了口气，到厨房准备晚餐去了。

爸爸下班回到家，看到磊磊自己呆坐在床上，赶紧也躺在儿子床上问道："怎么了，小男子汉，你怎么看起来有点

生气的样子?"磊磊翻了个身,背对着爸爸怨怨地说:"体育老师骂我了!"

爸爸坏笑着问:"你小子不是最喜欢体育课吗?是不是你捣乱了?"磊磊没好气地说:"我才没有呢,我积极着呢!但是,他冲我大吼大叫就是不对,他老说我的垫球动作不对,然后只是草草示范了一下而已,也没说具体的动作要领!"

爸爸同情地拍了拍磊磊说:"嗯,如果爸爸是你,可能现在也会生气。老师当着全班同学的面大声吼人,这确实有点让人生气呢!"

磊磊转过身面向爸爸说:"就是啊,我就算动作做得不对,他作为老师可以过来指导我,或者讲解一下动作要领,或者手把手教我都可以啊,为什么非得当众说我!那一刻,我真恨不得找个地缝儿钻进去。但是,当时我学得不好,现在我突然想起老师的动作要领了!"

第六章 成为孩子情绪里的那根"救命稻草"

爸爸惊喜地说："真的吗？"磊磊立刻从床上爬起来，找来排球边示范边解释道："从准备垫球动作开始，应该身体微微前倾，双腿叉开，两脚之间的距离大于肩膀，然后双手叠加于腹前，双眼紧紧盯住来球。垫球的时候一定要保证两个大拇指朝前并平行，双臂一定得是保持伸直的状态，手腕得使劲往下压，前臂呈现外翻的样子。也就是说，整个前臂实际就是垫球的平面。我下午就老是伸不直胳膊，所以总是两个手内侧接球，这样的话可能打回去球的力度和距离都不够理想。"

爸爸也兴奋地从床上跳起来鼓着掌说："下次再上体育课的时候，你就像现在这样，把学习的体育知识和动作要领都熟练掌握，把动作都做到位，老师肯定不会再冲你吼，估计还会当众夸奖你呢！"

磊磊挠了挠头说："真的吗，爸爸？"爸爸拍着胸脯说："当然了，你只要好好跟着老师的思路，掌握动作要领，多加练习，老师一定会看到你的进步和优良表现的。"

磊磊笑着说："好的，爸爸，我知道了，咱们吃饭去吧。我都闻到红烧肉的香味了，今晚一定要多吃点，哈哈！"

当孩子在学校受了委屈，当孩子考试成绩不好，当孩子被周围的小孩欺负、嘲讽，主动找父母倾诉时，父母往往不当回事，总喜欢让孩子反思自己。于是，很多孩子受了委屈不愿向父母倾诉，遇到困难不愿找父母沟通，取得成绩后也不愿跟父母分享，亲子关系变得越来越疏离。

其实，想要孩子充分信任父母，愿意主动跟父母分享和倾诉并不难，只要掌握一点小技巧就可以。

首先，问"具体"不问"大概"。孩子的思维逻辑和成年人的思维逻辑不同，他们更倾向于具象化思维，而成年人则更偏向于抽象化思维。因此，想要知道孩子当天遇到了什么麻烦，可以直接问孩子一些能够理解、有准确答案的问题。比如，当父母询问孩子："今天过得好不好啊？""你今天在学校都干了些什么，学了些什么啊？"孩子会觉得这样的问题范围太大了，很难有明确的答案，只能敷衍地回答："过得还不错。""就是上课呗，和平时一样，也没什么特别的。"

父母如果换一种说法："今天上了什么课啊？"孩子会告诉你，有语文、数学、自然、写字课。你顺势可以追问："那今天自然课你们学什么了？"孩子可能会说："学的认识树叶和花的种类，感觉好复杂，又无聊！"你可以借机说："一会儿咱们到楼下买点草莓种子吧！你每天负责浇水照顾它，你看看它是怎么发芽，怎么开花结果的，一定很有意思，说不定还能尝到自己种的草莓呢！"

其次，可以聊一下孩子的朋友、同学，顺势了解孩子的情绪状态。比如，孩子上幼儿园的时候，父母可以在接孩子的时候问："你们班的×××是不是吃饭很快啊？×××是不是喜欢抢别的小朋友的玩具啊？×××和×××今天是不是又打架了？"孩子回答父母的问题的时候，就可以了解孩子对其他孩子行为的看法，也能引导孩子说出自己今天遇到了什么事，会用什么样的心态处理自己遇到的问题。

父母要站在孩子的角度思考问题，保持客观中立的态度，对孩子的消极情绪持感同身受的态度。这样，孩子会觉得自己的悲伤被父母看到了，父母是爱自己的，是关心自己的，是能够给予自己支持的人，是值得自己信赖的人。

另外，在孩子倾诉的过程中，父母不要急于打断孩子，应该给孩子时间，引导孩子说出自己的不解和困惑。父母倾听完孩子的倾诉时，可以多用一些肢体语言表达对孩子的关心和爱，比如蹲下来抱抱孩子、摸摸孩子的头、拍拍孩子的肩膀等，都可以帮助孩子放松心情。

愿意主动跟父母分享和倾诉的孩子，往往积极情绪更多，即使有了消极情绪也能够通过倾诉和发泄及时疏导，不会对成长和心理造成不良的影响。

在教育孩子的过程中，父母应该多注意和引导孩子倾诉，这样才能更好地了解孩子的想法，才能有针对性地给予孩子帮助和关爱，从而帮助孩子健康快乐地成长。

第七章

成才胜于成功，梦想指引未来

7.1 你自己就是最美的太阳

有这样一则新闻。一个江苏的男孩不幸得了癌症,在医院医治了很长一段时间。病情刚一好转,男孩便迫不及待地返校学习。不料,同学们以为他得了恶性传染病,纷纷疏远他。甚至,有学生提出让这个男孩坐到最后一排,以免耽误大家学习。虽然老师出面说明了男孩的病情,也呼吁同学们不要歧视他,但是这个男孩还是感受到了同学们的疏远和歧视。最终,这个男孩被迫选择了退学。网友们在这则新闻下面纷纷留言,说自己在生活和工作中也都遇到过类似的事情。

其实,每个人都应该学会尊重别人,并且对有需要的人给予适当的帮助。而身体有缺陷的人,不要过于在意别人的眼光和言行,也不要为自己的缺陷而自卑,要试着接纳自己,过好自己的每一天。

> 银屏两岁的时候突发高烧,由于父母送医不及时,导致她走路时左脚脚尖不能着地。不过,开朗的银屏并没有把这

件事放在心上。进入小学后,银屏发现有些调皮的男孩子偶尔会在自己背后指指点点。虽然银屏对此有些不快,但是她依然非常喜欢学校生活,因为在学校里每天都有几个小伙伴陪她玩闹,而且下雨、下雪的时候,她们还会主动送银屏回家。

随着年龄的增长,银屏的自尊心也越来越强了。大家一起参加集体活动的时候,银屏更多的时候会选择一个人安静地坐在一边,用羡慕的眼光看着大家。

升入中学之后,由于离家比较远,大部分学生都选择了住校,银屏也不例外。一到周末,同学们就会三五成群结伴出去玩。每到这时,银屏就觉得有些孤独:别人滑冰的时候,自己腿脚不便参与不了;别人踢毽子、跳皮筋的时候,自己腿脚不便也参与不了;别人打篮球的时候,自己腿脚不便也参与不了。

后来,好友们发现了银屏的落寞,主动邀请她参加周末聚会。银屏站在他们中间,眼神里满是慌张和不知所措。好友赶紧拉住她的手说:"银屏,加油,你和我们没什么不一样!来吧,跟我们打会儿扑克!"

银屏笑了,笑得如此轻松,如此开怀。她突然意识到:只要自己能够敞开心扉,敢于面对,自己就是最独特的存在,自己就是最美的太阳。除非自己看不起自己,自己太在意所谓的"缺陷",才会敏感地在意别人的评价或者眼光。

银屏高中毕业后以优异的成绩考上了当地的一所大学,并被商务英语系录取。

深知自己缺陷的银屏在大学开启了学习和实践并重的训

练模式,为的就是大学毕业后能比身体健康的同学更具竞争力。仅仅入学一年,银屏就考取了英语专业四级证书、教师资格证、导游证、记者证。此外,银屏还利用周末和节假日做外语家教,赚取了丰厚的生活费,减轻了家里的负担。为了让自己走路不再深一脚浅一脚,银屏还在网上为自己定制了一双特殊的鞋,然后穿着这双鞋在操场上练习走路。经过不懈地练习,银屏走路的样子终于看起来和正常人相似了。

  银屏无论是专业课成绩,还是各方面综合能力都相当突出。于是,在学校组织的招聘会中,银屏被一家外企相中,获得了翻译的职位,每月的薪水也颇为丰厚。

或许很多人会说，银屏就是个幸运儿。其实，幸运之神只会照顾那些敢于直面生活，做事还脚踏实地的人。那么，作为有"缺陷"的孩子的家长如何帮助孩子正视自己，勇敢面对生活呢？

首先，要让孩子敢于正视自己的缺点和缺陷。每个人都有自己的缺点和优点，高矮胖瘦美丑，这些都是天生的特质，不必对此太过在意。有位心理学家曾经做过这样一个实验，让一位学生穿着奇装异服进入教室，结果只有不到五分之一的同学注意到了这一点。这个实验从侧面反映了大家其实并不太在意一个人的外表，很多时候是我们自己太过在意他人的评价。

家人或者朋友也可以向孩子分享自己小时候的一些经历，例如用轻松的语气讲述自己小时候对缺点和缺陷的认识，从而让孩子能够客观地看待自己，发现自己的闪光点，重新点燃对生活的热情。

总之，家长要让孩子明白，缺点和缺陷不是见不得光的事情，没必要掩饰，没必要厌弃自己，更没必要为此自卑。人的一生本就充满了坎坷和挑战，能够正视自己的缺点和缺陷，才能取长补短，成为更优秀的自己。

其次，引导孩子客观地面对别人的评价。比如，一个癫痫病儿童突然晕倒、口吐白沫，现场的孩子和家长们都吓得惊慌失措。这个孩子发病之后特别难过，妈妈得知后这样安慰道："孩子，你其实和其他小伙伴没什么区别。只是你的大脑里有个小开关，就像你最喜欢的超人玩具一样，你的小开关会在不确定的情况下触发。而一旦触发，你就会晕倒，然后就像失忆了一样。这种病并不可怕，没有传染性，更不会伤害到别的小朋友，所以你不要担心以后上学会被同学们用异样的眼光看待。"这个孩子听后立马破涕为笑，重拾自信。

再次，不要歧视别人的缺点和缺陷。有缺陷的人非常害怕当众展露自己的缺陷，也非常害怕自己会被嘲笑和孤立。因此，大家要用一颗宽容的心对待别人，鼓励他们大胆尝试和表现自己，不要害怕失败和犯错。

告诉孩子：上帝给予每个人的财富都是公平的，为我们关上一扇门的同时一定会打开一扇窗。生命只有一次，接纳自己的不完美，接纳自己的缺点和缺陷，坚强一点，勇敢一点，努力奋斗，努力创造，你就会拥有不一样的人生。

7.2 过好今后的生活

如今双职工家庭越来越多,很多孩子都是由祖父母或者外祖父母抚养。一旦孩子的祖父母或者外祖父母中有人突然离世,父母担心孩子承受不了这个打击,便会这样跟孩子解释:"奶奶睡着了""姥姥出远门了""奶奶出去旅游了"等等。结果往往适得其反,孩子对老人的思念无法消解,引发了一系列心理健康问题。

其实,父母之所以对孩子隐瞒亲人故去的真实情况,是因为想保护自己的孩子,不想让孩子小小年纪就感受到生老病死的苦痛,也不想让孩子过早地对死亡产生恐惧。只是父母的这种做法并不恰当,反而容易让孩子产生恐惧感和失落感。

人生在世,生老病死是人之常态,父母应该告诉孩子亲人去世的真相,陪伴孩子度过这一阴霾时期。此外,父母应该告诉孩子,沉溺于悲痛之中不能改变现状,不如好好过好今后的生活,毕竟用积极乐观的态度继续生活才能让故去的人感到欣慰。

小橘的父母都是国家公务员,爷爷奶奶退休在家,一家人其乐融融地生活在一起。小橘的奶奶曾经是幼儿教师,她非常疼爱小橘。小橘小的时候，每晚都是在奶奶的儿歌声和故事声中入眠的。

奶奶家住在一楼，夏天的时候蚊子、苍蝇比较多，为了能让小橘睡个安稳觉，奶奶整宿都拿着大蒲扇，一边讲故事一边赶蚊子。小橘上了初中，很多时候不愿意跟爸爸妈妈说的话，却愿意跟奶奶讲，因为奶奶总是能认真地听小橘发牢骚，也总能给小橘安慰，还能讲出一大堆让小橘心服口服的大道理来。

小橘考上高中之后，70多岁的奶奶身体越来越不好了，时常生病住院，有时候一天连一口饭都吃不进去。一次，小橘在周末去医院看望奶奶，看到奶奶瘦弱的身躯，颤抖的双手，小橘鼻子一酸，哭了出来。奶奶拉着小橘的手说："傻孩子，别哭，奶奶就是岁数大了，身体不中用了。"

小橘安慰奶奶说："您没事的，没关系，以后换我照顾您，给您讲故事吧！"就这样，小橘每到周末都会来医院病房给奶奶讲故事、讲学校里发生的有意思的事情，还会把自己的糗事分享给奶奶。奶奶每次都听得高兴极了，还不住地拍着小橘的后背说："咱们的小橘长大了，越来越聪明了，也越来越懂事了！"

一个周末，小橘像往常那样来到了医院的病房，但是病房里挤满了亲戚朋友，大家都神情悲痛。小橘使劲穿过人群，看到奶奶安详地躺在病床上，嘴角还带着一丝微笑。妈妈见状，一把搂住了小橘说："小橘，奶奶走了，安详地走了！"

小橘不相信妈妈说的话，自顾自跑到奶奶身边，使劲晃了晃奶奶说:"奶奶,你醒过来,奶奶你不要睡!"接着,小橘哭晕了过去。

小橘不知道自己睡了多久,醒来的时候,妈妈很认真地对她说:"小橘,妈妈爸爸知道奶奶的离世让你很难过。爸爸和妈妈也很难过,可是奶奶虽然不在了,但是我们的学习和生活还要继续。我们必须继续快乐坚强地生活下去,奶奶在天堂才会安心啊。奶奶在我们面前经常夸你是个聪明、懂事又孝顺的孩子,你也不希望奶奶失望吧?奶奶虽然离开了我们,但是我们拥有跟奶奶一起生活的回忆,这是最宝贵的财富。继续好好生活吧,就当是为了你的奶奶,更是为了你自己!"

小橘使劲点了点头。最终,小橘在高考中以优异的成绩考上了全国重点师范大学。

亲人离世并不可怕,可怕的是孩子陷入悲伤的情绪中无法自拔,或者一直纠结于父母为什么会欺骗自己。父母需要告诉孩子事实,并让孩子知道死去的亲人无法再跟自己一起生活。生老病死,是人之常情,也是无法预料的事情,没人愿意这种事情发生,但是这种事情又不能避免。

父母可以教孩子寄托哀思,比如用画画、写信、扫墓的方式表达自己对故去的人的爱与思念。同时,父母要告诉孩子:亲人离世代表他的人生走到了尽头,活着的人可以为他悲伤和难过,但是不能因此一蹶不振。以积极乐观的人生态度直面生活,坚强地生活下去,方是人间正道。

7.3 成功,往往意味着坚持到最后

苏格拉底在课堂上对学生们说:"我今天教大家一个简单的动作,就是把手臂使劲往后甩,再往前甩。从现在开始,希望大家可以每天坚持甩300下,大家能不能做到啊?"

学生们都觉得老师有些滑稽,这么简单的动作,有什么难度?于是,大家异口同声地回答:"当然能。"

一个月的时间过去了,苏格拉底问自己的学生:"有多少人还在坚持每天甩臂300下,请举手!"大概有90%的学生举起了手臂。又过了两个月,苏格拉底再次询问:"有多少人还在坚持每天甩臂300下,请举手!"只有不到80%的人举起了手臂。

一年后,苏格拉底再次询问:"有多少人还在坚持每天甩臂300下,请举手!"大家环顾四周,结果只有一个学生举起了手,这个学生就是后来的哲学家柏拉图。

坚持是一种可贵的品质。人生路漫漫,想要抵达梦想之地,

就要有坚韧不拔的意志，还要有不屈不挠的精神，这样才能走向成功实现梦想。

小亮是个急性子，做事总是三分钟热度。妈妈经常告诫小亮："你再坚持一下，凡事有点耐心，多思考一下，没准就成功了呢！"在妈妈的督促和教育下，小亮的这种情况稍微有了一些好转，但是一旦遭遇挫折，他还是喜欢说："我可能不适合干这件事，我不要继续做下去了！"

一次，体育老师给大家布置了家庭作业，让孩子和父母一起做仰卧起坐。小亮吃完饭休息了一会儿，便搬来了瑜伽垫，还特意换好了运动服。爸爸妈妈看他积极性很高，忍不住夸赞道："咱们小亮好专业啊！"

爸爸顺势躺在瑜伽垫子上，边讲解动作要领，边做起了示范："双腿屈膝到90°，脚部放平，身体与垫子贴合。曲臂，手掌触碰双耳，吸气，然后头部和肩膀离地，手臂张开。注意吸气吐气，收紧腹部肌肉，身体下降回到原位。"

小亮小手一挥说："让我来，这个看起来很简单的样子，我肯定能行！"结果，小亮一试没起来，反复尝试了几次之后，小亮就生气地说："算了，算了，我不学了，我感觉我学不会。"

妈妈鼓励道："你再多试试。妈妈小时候考体育的时候，也考过这个，第一次确实很难起来，每天多练习，妈妈最后也考了满分呢！你再多坚持试几次，不要总是半途而废！"

小亮不耐烦地说："不要，你们是大人，做什么都比

较厉害,我是小孩子没你们那么多技能,我不擅长的就不想做!"

妈妈看着小亮这个样子很是失望,但是觉得小孩子做事都是这样虎头蛇尾,也就没多说什么。妈妈觉得等小亮年纪稍微大一些,自然会更有毅力。

没考上重点高中的小亮,满心想着在普通高中发愤图强,将来考个好大学。为此,小亮还在妈妈的监督下制订了详尽的计划:早晨6:00起床,晨跑半小时,6:30分到7:00背诵单词或者语文古诗,7:00开始洗漱、吃早饭,7:30到8:30背诵政治和历史,8:30到10:30做英语试卷,10:30到12:30做数学试卷,12:30到2:00午饭和午休时间,下午2:00到4:00做语文试卷,4:00到5:00收听外语广播,练习听力,5:00到7:00做文科综合试卷,晚上7:00到8:00吃晚饭休息,8:30到晚上10:00自由复习,10:00到10:30背诵单词。

  小亮第一周坚持得很好,妈妈高兴极了,还特意买了变形金刚玩具作为奖励。然而,第二个周末,小亮就有些散漫了,早晨睡起了懒觉,吃饭的时候还玩起了手机,晚上没有复习功课,也没有背诵单词,反而一直玩游戏。爸爸妈妈轮番对小亮进行了教育,小亮当即表示一定会好好改正。

  结果,小亮在第三周又犯了老毛病,月考的时候成绩还是徘徊在中下游。小亮又陷入自责之中,他发誓一定要改正这种状态,可是他就是不能将计划执行下去。

  杰出的音乐家贝多芬曾说:"涓滴之水终可以磨损大石,不是由于它力量强大,而是由于昼夜不舍地滴坠。"很多时候,孩子一遇到挫折,就容易产生一些消极的反应,然后用逃避的方式避开那些挫折。实际上,他们这时距离成功可能只差一步,只要再坚持一下,就能看到胜利的曙光,达到梦想之地。

  人的一生难免遭遇大大小小的挫折,把它当作命运馈赠的一份礼物,虚心地接受它正视它,并为之努力让自己强大起来,才能在今后的人生中收获别样的风景。想要成功,没有捷径,秘诀只有一个,就是坚持到底。咬牙挺过那段难熬的日子,就会迎来"柳暗花明",就会迎来梦想实现的那天!

7.4 让孩子明白贫穷是可以改变的

似乎从上幼儿园开始,孩子们之间就开始了各种攀比:"今天爸爸开着奥迪送我来上学""这个暑假爸爸妈妈带我到三亚旅游了""我去过上海的迪士尼,那里的雪糕45元一根呢,但是很可爱""我穿的是阿迪达斯的新款运动鞋"……这时那些家境不太富裕的孩子,脸上便会露出羡慕的神情,但是眼睛中又会透露出慌张和躲闪,因为他们不愿让别人发现自己对他人的羡慕。

其实,一个人出生的家庭是无法选择的,贫穷和富有也不是区分人性优劣的标准,更不应该成为自卑的源头。

贫穷其实没什么大不了,更不是不能改变的生活状态,父母让孩子了解自己的家境,恰恰可以借此激励孩子努力学习,接纳现实,改变命运。

小龙今年以679的高分被北京大学录取。收到录取通知书的那天,小龙还正在镇上的建筑工地上打工。知道小龙考上北京大学之后,周围的工友都沸腾了:"怪不得这孩子这么节俭,平时连个肉包子都舍不得买,其实是为了攒学费吧""是啊,这孩子一看心事就特别重,从不多说一句话,但是干起活来倒是从不偷懒""这孩子学习好,还吃苦耐劳,以后一定非常有出息"……

小龙出生在宁夏一个小村庄,父亲是老实巴交的庄稼汉,母亲则患有严重风湿,没有劳动能力,全家就靠着几亩地和农闲时父亲到城市打工挣的那点钱为生。然而,前几年父亲在工地上干活的时候,不幸从高楼上摔了下来,摔断了腰,从此家里的境况更加艰难。

小龙是家里的第二个孩子,他还有一个学习成绩优异的哥哥。小龙还上小学的时候,哥哥就常教育小龙说:"咱们能过上现在的生活就应该心存感激了,爸爸妈妈身体都不好,能挣到的钱只有这么多。我们一定要好好学习,改变咱们的命运,不辜负爸爸妈妈的期望。"

看着自己的孩子每天只能喝玉米糊糊,小龙的父亲心里也非常内疚和心疼,他经常心酸地对妻子说:"都怪咱俩没文化没学历,要不然孩子也不会跟着咱们受这么多苦,说啥咱们也得让孩子把书读好了!"

中考时,小龙的哥哥以全县第一的成绩被县城一中录取。然而,他在煤油灯下哭着亲手撕掉了一中的录取通知书,重重地拍了拍小龙的肩膀说:"上高中要花很多钱,父母身体又不好,你也需要继续上学,所以哥决定去省城打工挣钱了。你一定要好好学习,将来考到北京大学或清华大学!"

小龙红着眼睛使劲点了点头,说:"哥,你就放心吧,我一定活出个人样来,我一定好好学习。"

小龙发现自己作文写得不好,就到处收集旧报纸,把看到的好词好句记录下来，然后每天写一篇作文给老师批改；发现自己的英语词汇量不够，小龙每天强迫自己记忆20个单词。就这样寒来暑往，小龙每天早晨不到五点就起床，晚上十二点之前从来没有睡过。付出就有回报，小龙的成绩一直保持年级第一。

由于大哥在外面打工，父母也基本丧失了劳动能力，因此小龙在学习之余还要做家里稍微重一些的农活，诸如耕地、放牛、割草、收粮、喂鸡……父亲看到回家后忙个不停的小龙，内心非常不是滋味，经常不安地对小龙说："小龙啊，都是爸爸妈妈不好，我们没钱没本事，让你和你哥都受苦了。"

小龙则坦然地擦擦脸上的汗水说："爸爸，你和妈妈把我们养大，我们为家里做任何事都是应该的！"

小龙扛起了照顾家里的重担，也从不跟同学进行攀比。上高中的时候，很多同学都有了自己的智能手机，大家为了联系方便都互相加了好友。小龙却没有任何同学的微信好友，因为他用的是一部屏幕都碎了的老式按键手机。小龙第一次在学校用这部手机接电话的时候，周围的同学都笑了，有人还调侃道："小龙，我爷爷才用这样的手机！"

小龙没有理会周围人的目光，父亲得知此事后却执意要帮小龙换一部手机。小龙很坚决地拒绝了："爸爸，我用手机就是为了给您和妈妈打电话，所以我根本没必要换那么多功能的手机，而且那样的手机那么贵，我觉得简直太奢侈了。"

高考完，小龙和哥哥一起到建筑工地当起了小工，每天负责搬运水泥和钢筋。他们每天来来回回要走300多趟，每次搬运五六十斤。他们兄弟俩非常节俭，包子只吃素馅的，毕竟这样一个包子就可以节省3毛钱。

工友曾经问过小龙这样一个问题："你这文曲星是投错胎了吧，贫穷是不是让你自卑、难受过呢？"

小龙摇了摇头，然后坚定地看向远方说："不，我知道自己的家境很不好，但是我也知道命运掌握在自己手里。只要心怀希望，不断努力奋斗，一直脚踏实地，无论环境多么恶劣，我都可以克服，我相信我命由我不由天！"

贫穷的生活的确会让人苦恼，可是这种境遇是可以改变的，努力学习，不断奋斗，便可以走出困境，过上富足而幸福的生活！

因此，如果你出生于一个贫穷的家庭，不要为此自卑，努力学习，不断积累生活技能，你也可以改变人生境遇，过上美满幸福的生活！如果你出生于一个富足的家庭，你的身边有贫苦人家的孩子，不要嘲笑和看不起他们，因为他们也不能选择自己的出身。

7.5 有梦想，谁都了不起

一百多年之前，一对兄弟跟随父亲在山坡上放羊。秋高气爽，微风吹过，一群排列整齐的大雁从他们头顶飞过，并以极快的速度消失在人们的视线中。小儿子稚气的脸上闪过一丝笑容，他忍不住问道："爸爸，你说大雁要飞去哪里呢？"

爸爸笑着回答说："自然是举家要飞到温暖的南方，那里气候温暖，等到严酷的冬季过了再回来！"

大儿子羡慕地说："人要是也能像大雁一样自由翱翔在天空之中该多好啊！"小儿子也紧跟着说："是啊，要是我能变成一只会飞的大雁就好了！"

爸爸沉默了片刻，语重心长地说："只要你们想，你们就可以飞起来！"

两个儿子随即张开双臂，往山坡下冲，但是并没有飞起来。兄弟二人面面相觑，用疑惑的眼光看了一眼父亲，父亲说："我来飞给你们看。"结果，父亲张开双臂，也没能飞起来。爸爸笑着解释说："爸爸岁数大了，你们年纪还小。只要有梦想，努力了，坚持了，就一定可以实现飞翔，飞到任何你们想要去的地方。"

两个孩子点了点头,牢牢记住了爸爸的话,并不懈地努力着,后来兄弟俩发明了飞机,实现了飞翔的梦想。这两个孩子便是美国的莱特兄弟。

古希腊哲学家柏拉图曾说:"人可以没有金钱,可以没有美貌,但是绝不能没有梦想。"梦想伴随着人类从蒙昧走向开化,从黑暗走向光明,从贫穷走向富裕,从落后走向进步。人不能没有梦想,就像鱼儿不能没有水,树木不能没有阳光一样。

李峰已经在省城做了三年的建筑工人了,不同于其他年轻人喜欢在周末休息的时候看视频、打游戏、逛街等,他最喜欢做的事情就是窝在十几平方米的廉租房里,用一支笔和一个笔记本进行文学创作。李峰经常笑着说:"我在现实生活中虽然不能实现王侯将相的梦想,但是在小说创作中我可以用自己的笔撰写人物的酸甜苦辣、爱恨情仇。我热爱写作,虽然我只是一个建筑工人,但是我在写作的时候感觉自己的精神是富有的,内心是满足的。"

出生在农村的李峰,学习成绩并不出众,但是他对遣词造句有种与生俱来的兴趣。尽管李峰没有考上大学,也没有机会成为全职作家,只能靠着一把子力气进了建筑行业,但是李峰没有放弃追逐自己的梦想,他暗暗告诉自己:一定要坚持写作,一定要写出感动自己也感动他人的故事。

工友们在休息的时候都喜欢拎着啤酒,买个凉菜,几个人聚在一起聊天。李峰却喜欢捧着小说躺在床上,沉浸在文学的世界。这时一旁的工友则打趣道:"小李,别做你的白日梦了,咱们就是出力干活的人,小说里的情节都是假的,你还真以为自己能够屌丝逆袭成大作家啊?来,有空跟我们一起喝两杯,什么忧愁、烦恼都没了!"

李峰则不以为然地说:"我觉得工作和梦想并不冲突,你们三五成群小酌几杯是一种人生乐趣,我看书写作也是一种乐趣。"随后,李峰参加了自考,报考了汉语言文学专业,还利用周末的时间读了很多文学名著。后来,李峰还参加了一些线下的文学活动,把自己写的现代诗和基于自己生活为背景创作的短篇小说,分享给众多与自己一样有文学梦想的人。

李峰还把自己的稿件编辑成文,通过邮箱发送到各个杂志社编辑的邮箱。虽然大部分杂志社都没有回信,但是李峰并没有放弃对文学创作的热爱,李峰常说:"文学的道路并不好走,我不想放弃,也没想过放弃。即使我终究不能成为一名作家,那也无所谓,因为我很享受这个努力的过程。我觉得为了梦想而努力,就算失败了,我也是自己的英雄!"

有目标的人生才有方向,有规划的人生才更精彩。有梦想的人,就能有无尽的动力,就会为了实现梦想不断努力。梦想,不仅是一个美好的名词,更是人活一世奋斗努力的目标,倘若没有了这个目标,人生也会随之黯然失色。

5岁的小嘉城平静地躺在病床上,看着爸爸妈妈泪眼婆娑,他反倒安慰起他们来:"爸爸妈妈,你们别太难过了。相信我,我可以的,我没事!"

原来,小嘉城经历了一场突如其来的车祸,还在车祸中不幸失去了右臂。从这一刻开始,小嘉城不得不开始练习用左手生活:左手拿筷子、左手写字、左手洗漱、左手穿衣穿鞋。小嘉城展现出惊人的毅力,很快便实现了生活自理。

这天,镇上在学校开展了少儿暑期培训班,父母本着强身健体的目的,也给小嘉城报了名。没想到的是,半个月的篮球训练竟然激发了小嘉城对篮球运动的热忱。

篮球这项运动对于独臂的小嘉城来说具有很大的难度,他的手很小,独臂的他无论是力度还是平衡都更难掌握。但是,小嘉城没有退缩,他放学回家就一个人在院子里不停地练习,直到能够把篮球控制在自己手里为止。

为了练习投篮,小嘉城还在墙上画了一个篮筐,不停地进行从普通运球、胯下运球、转身到投篮等专业技术动作的练习。小嘉城经常自豪地说:"我的梦想就是成为一名职业篮球运动员。"

父母担心小嘉城为此耽误学业,小嘉城就每次完成作业后再去练球,甚至承诺"成绩排名保持在年级前三名"。这是小嘉城对父母的保证,更是对自己的严格要求。

很多练习体育的同学,都会以天气、身体不适、太苦了为理由偷懒。但是,小嘉城从不这样做,他一直坚持刻苦训练,甚至练到手指出血,也从不喊苦喊累。

现在的小嘉城已经加入了校篮球队,还以精湛的运球技术和精准的投篮技术收获了大家的好评,但是他依旧每天坚持训练。小嘉城说:"我不会辜负大家的期待,也不会辜负梦想,我会一直坚持努力,争取更大的进步。我通往梦想的路还很长,只有不停努力,才能不负梦想,不负热爱!"

梦想，是黑夜里的明灯，给你指引前行的方向；梦想，是冬日里的一团火焰，给你带来无尽的温暖；梦想，是有力的翅膀，让你有机会追逐明天的太阳！

在追逐梦想的时候，你可能会被骄傲冲昏头脑，会被欲望迷失正确的方向，会经历一些挫折或磨难，但是只要你努力向着梦想前进，终究会到达梦想的彼岸。相信自己，不论梦想多么高远，只要努力，只要脚踏实地，人生就不会空洞。此刻，带着梦想出发吧！